「シナリオ教室」シリーズ

いきなり効果があがる PR動画の作り方

自分で作れる、シナリオが決め手

シナリオ・センター 新井一樹❖編著
執筆▼川村千重・内藤麻貴・田中和次朗

言視舎

効果があがるPR動画を作るための2つの図

その1　PR動画の4タイプ

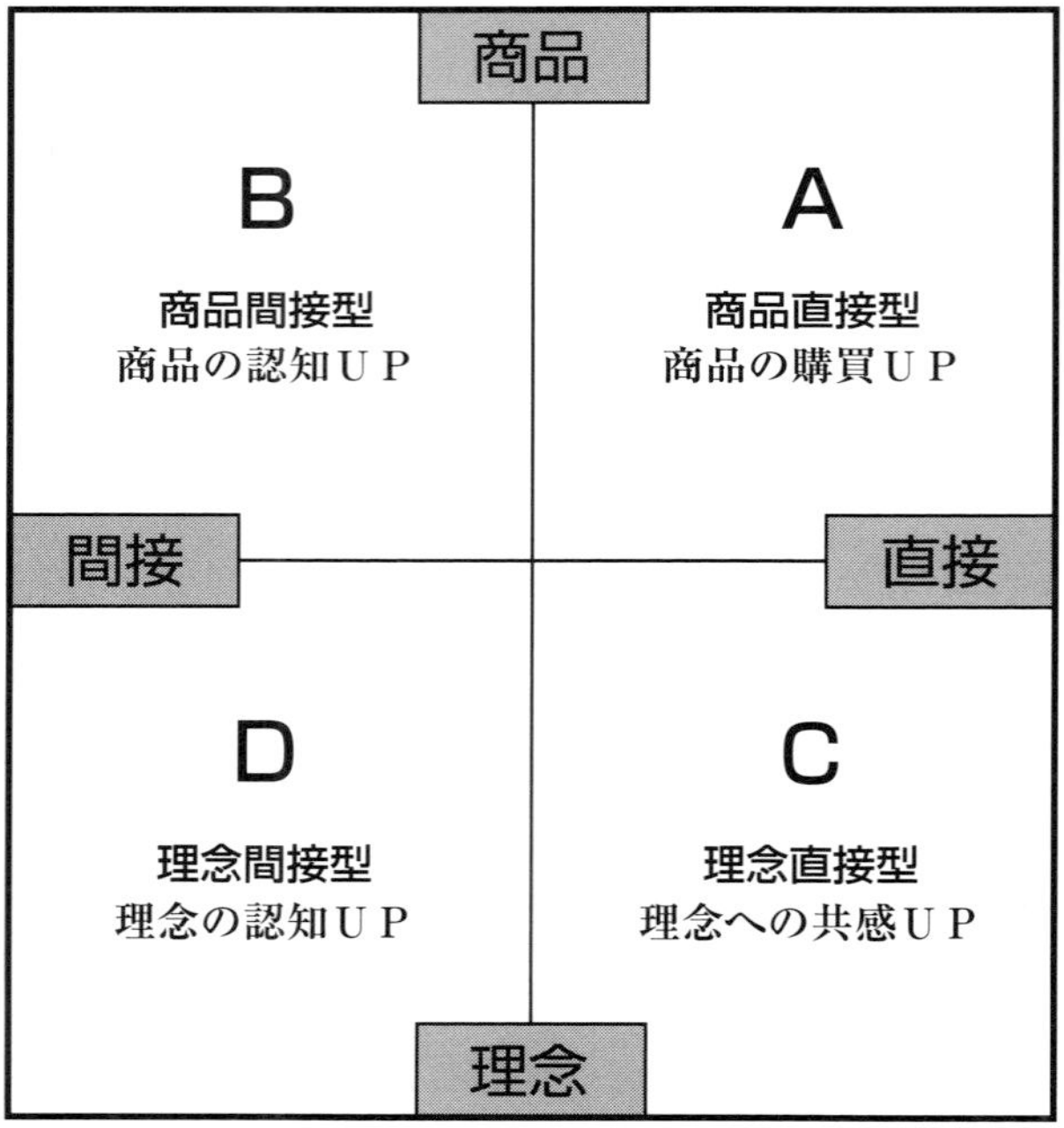

極論すれば、
ＰＲ動画は４つのタイプしかありません。
どのタイプをつくるか⇒本文を

その2　書き込むだけで動画の構成ができてしまうシート

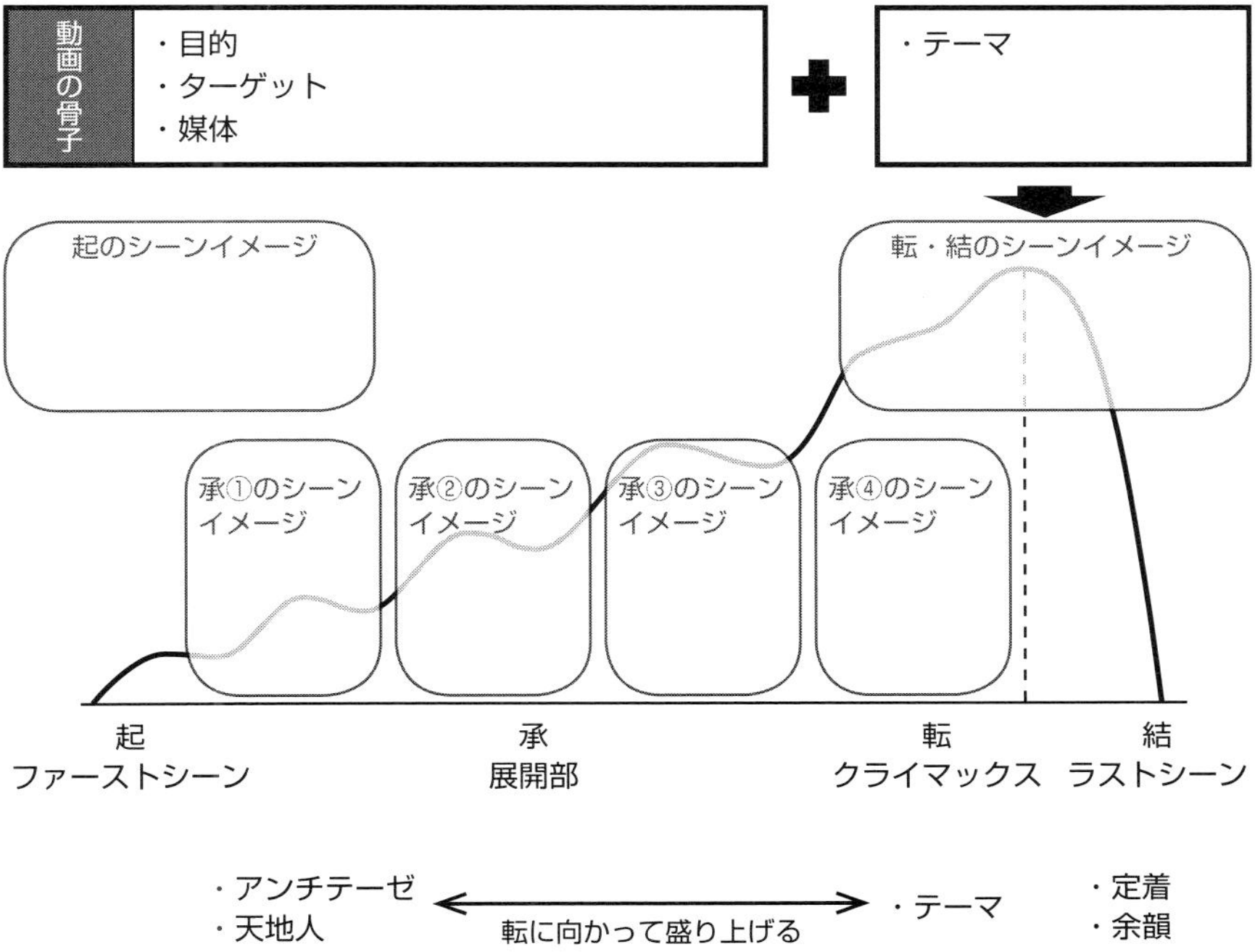

A 商品直接型	アンチテーゼ	・事件 ・事実 ・事情で盛り上げる	具体的に訴える （論理）	定着 「やっぱり～はよさそうだ！」
B 商品間接型	天地人	・小道具　or 場所・状況のシャレード（サービスの場合）で盛り上げる	抽象的に訴える （感情）	余韻 「しらなかったけど～はありかも」
C 理念直接型	アンチテーゼ	・障害を乗り越える	具体的に訴える （論理）	定着 「なるほど～な会社なんだ」
D 理念間接型	天地人	・謎（伏線）でひっぱる	抽象的に訴える （感情）	余韻 「へえ～な思いもあるんだぁ」

タイプ別に解説していきます

いきなり効果があがるＰＲ動画の作り方

目次

いきなり効果があがるＰＲ動画の作り方

序章　「伝わる動画」を作る方法
動画を4つのタイプに分けて考えれば、後はカンタン！

1 ビジネスで動画を利用したい！でも、何から考えればいいの？

とある会社の社長室。


「スギヤマ、営業から広報に異動して、どれくらいになる？」

「……」

「3カ月だよな。お前には、動画でウチの商品をバンバンPRしてほしいって言ったよな」

「はい……」

「で、進んでるのか？」

「いや～」

「どうせ、何から考えたらいいかわからないんだろう？」

「！」

「まぁ俺も、いきなりはムリだとは思ってはいたけどな」

「え？」

「そこで！」

「！」

「お前の動画作りの悩みをスッキリ解決してくれる助っ人を頼んだから」

「？」

「しかも、焦っているお前のために『シナリオ技術』のいいとこ取りで教えてくれるぞ！」

「『シナリオ技術』のいいとこ取り？」

動画を作らなきゃ。でもな……

会社からほど近い喫茶店。


「私のために、なんかスミマセン」

「とんでもないです。スギヤマさんのように、動画作りで悩まれている方、最近多いんですよ」

「やっぱり……」

「スギヤマさんは社長に、御社の商品をＰＲするためのビジネス動画を作るように言われたんですよね」

「はぁ」

「ＳＮＳの普及で、動画視聴数が伸びているらしいから、商品や会社のことを紹介していこう！って」

「！」

「でも、ネットで動画の作り方を調べてみたり、書店でビジネス書のコーナーや映像書のコーナーに行ってみたけど、結局どうしていいかわからない、とか？」

「！」

「わからない」がいっぱい

実際に、こんな声が聞こえてきています。


「今、ホントに動画なの？」

「面白い動画って、どんな動画のこと？」

「面白い動画を作ればいいって言うけど、作り方がわからない……」

「バズればそれでいいの？」

「伝えたいこと、動画でちゃんと伝わる？」

いったい
何から考えれば
いいのか
わからないなぁ～
「伝わる動画」教えます
動画作り資料

そもそもの疑問もたくさんあります。

「そもそもなんで動画を作るの？」

「動画で伝える目的ってなんだっけ？」

「どんなユーザー向けに作ればいいの？」

「媒体の選び方もよくわからないし」

「制作会社に任せればいいのかな？」

「制作時間や予算、かからない？」

「撮影は、どうやったらいいの？」


具体的にどうしたらいいかという疑問もあります。

「ユーザーに伝わるもの、どうすれば作れるの？」

「イメージと違う動画になったら、どう直したらいいの？」

「制作会社がこれでいこうっていうのを信じていいの？」

「この動画ならいけるって、上司に説明できるかなぁ」

「当初の狙い通りの動画になるか、イメージがわかなそう」

「みんなに気に入ってもらえるかな」


というわけで、スギヤマさんが迷っているのは当然なのです。

たしかに動画を使ったマーケティングの本や、成功事例がたくさん載っている本とか、撮影の仕方の本はあります。インターネット上にもたくさんの情報があります。

「でも、肝心のＰＲ動画の作り方の本がなくて困っているんですよね」

「その通りです！」

やるべきプロセスは、たったの４つ！

一昔前、動画といえば、テレビＣＭでした。動画をＰＲに利用するのは、一部の限られた企業でした。

今や違います。スマートフォンの普及、ＳＮＳの普及によって、**動画を作るのも、動画を見るのも非常に身近になりました。**

そこでビジネスでも動画が注目されています。とはいえ「**何から考えればいいかわからない！**」と言う人は多いのではないでしょうか。スギヤマさんと同じように。

でも、安心してください。**動画を制作するプロセスは、たった4つ**しかありません。

1　シナリオ制作・前　↓第1章

シナリオ制作・前は、動画を使って、何を伝えるのかという**目的**、誰に伝えるのかという**ターゲット**、どう伝えるのかという**媒体**を明確にします。

2　シナリオ制作・中　↓第2章

シナリオ制作の段階では、どういうテーマをどんな**構成**で、どんな素材を使って、どういう映像やセリフで伝えるかを明確にします。

3　シナリオ制作・後　↓第3章

シナリオ制作・後は、シナリオを読んで直すべき部分を明確にし、直しの指示をします。撮影のための簡単な絵コンテがある場合もあります。その場合は、絵コンテで直しの指示をします。

4　撮影・編集　↓附録

シナリオが作られ、何を撮るかが決まれば最後に撮影になります。撮影したものを編集する作業を経て、動画の完成です。

「へぇ～大きく4つのプロセスしかないとわかると、なんか安心します」

「それは良かったです！」

「あ、でも、一つ一つのプロセスが、素人の私にできるのでしょうか……」

図　制作プロセス

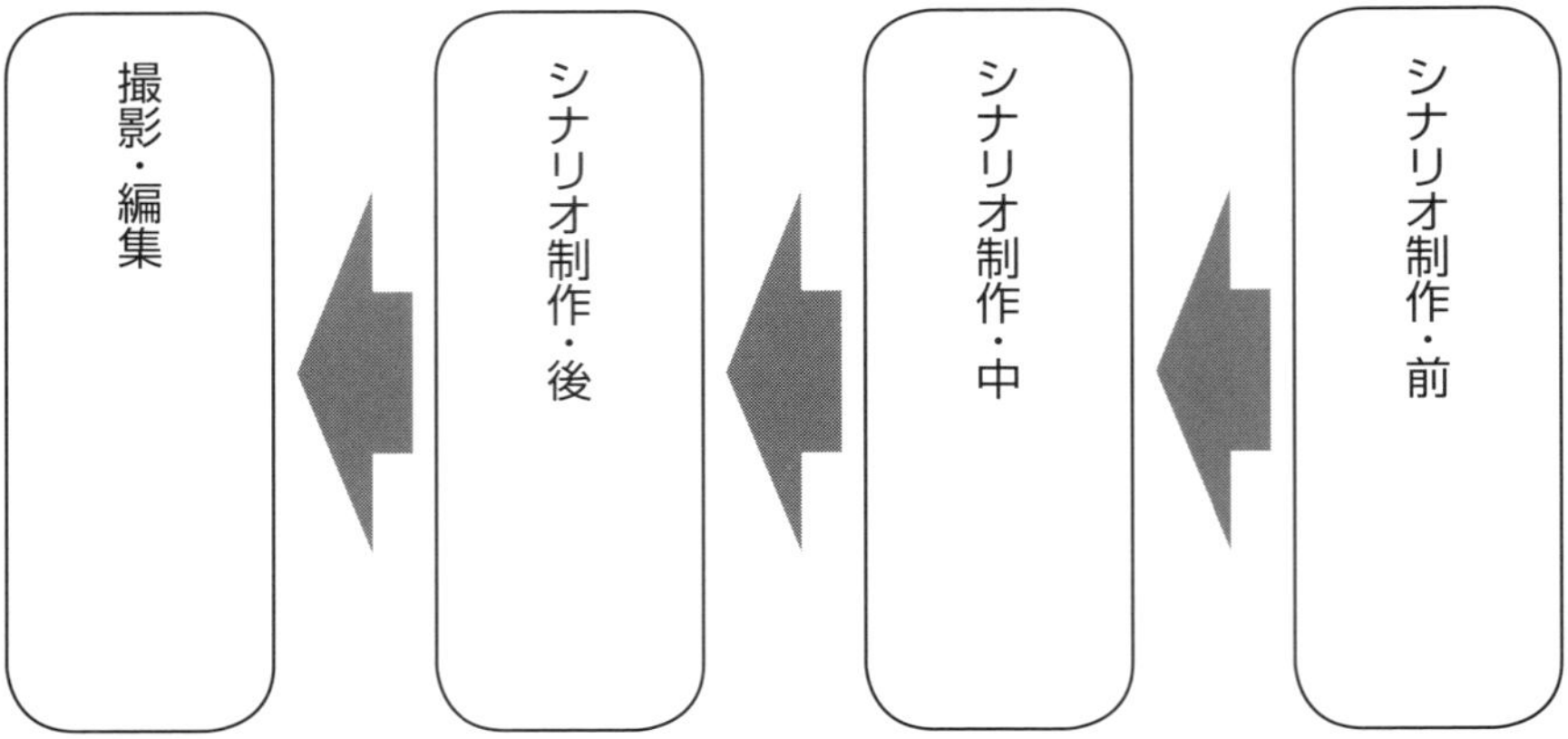

2 極論すれば、PR動画は4タイプだけ

シナリオ制作前に押さえる4つのタイプ

「スギヤマさん、まず何が不安ですか？」

「えぇ～っと……シナリオ制作・前にやるべきことを、どう考えればいいか難しそうです。私、営業畑が長かったせいで、広報的な感覚が全くなくて……」

「なるほど。そんなスギヤマさんでも安心の考え方を紹介しますね。極論すれば、**PR動画は4つのタイプしかない**のです。どういうことか説明しましょう」

まず動画を使ってPRしたいものは、大きく二つです。世の中にたくさんあるCMも結局この二つのことに絞られます。

・商品の紹介
or
・会社理念の紹介（ブランドイメージ）

さらにこの二つを、数字や特長などを使って**直接的に紹介**するのか、それらを使わずに**間接的に紹介**するのか、表現方法で分けます。ということで、

図　PR動画の4タイプ

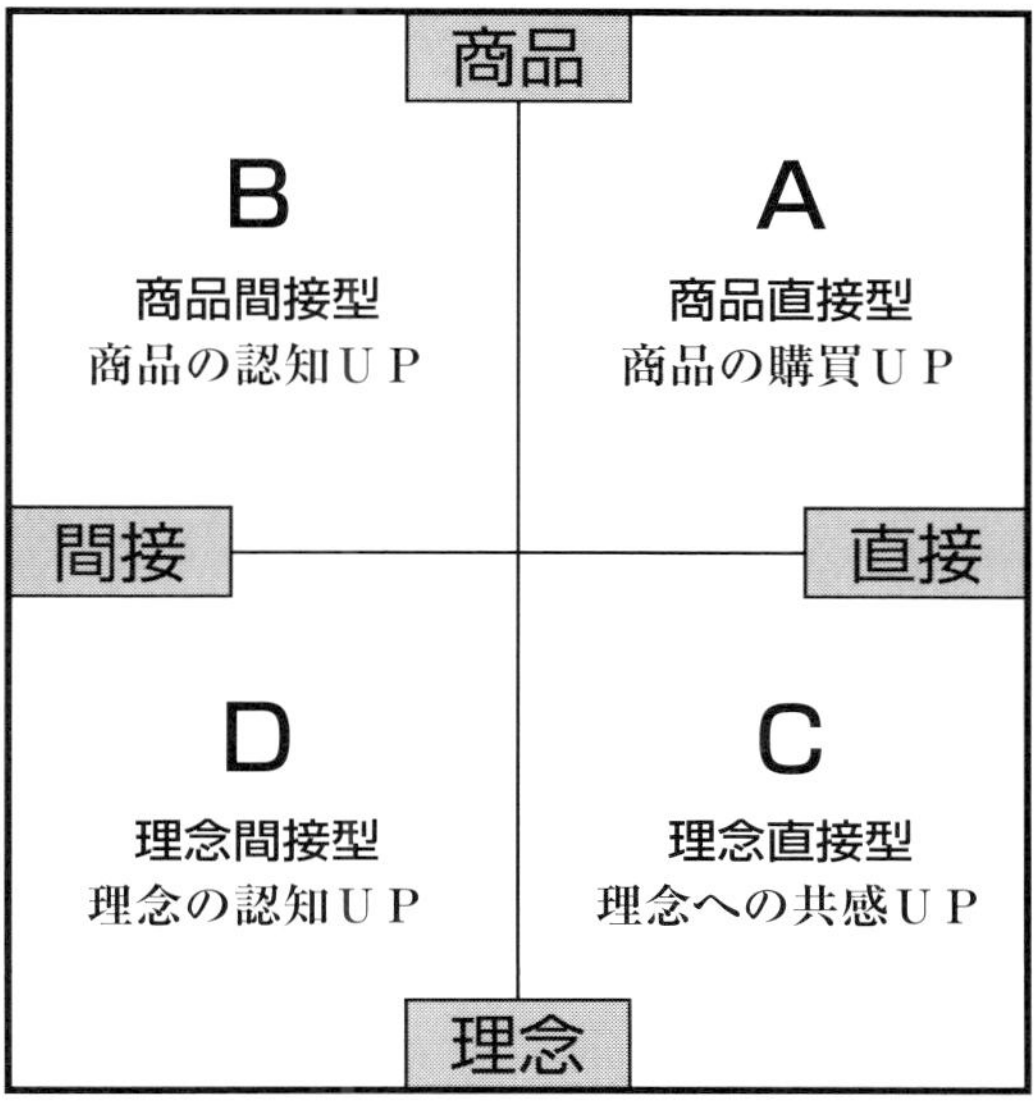

PR動画には図のA～Dの4種類しかないことが理解できると思います。これが「伝わる動画」のポイントです。**この4タイプを使えば、どんな目的で、誰に、どんな媒体を使って動画を作るのか**を考えられるようになります。これは1章で詳しく説明します。

一番大切なのはシナリオ

「うわ～たしかに、すごいシンプル。これでホントにシナリオ制作前に考えるべきことが整理できるなら、万々歳です！」

「でしょ！」

「えっと、そうすると次はシナリオ制作・中ですよね。これは何か難しそう」

「？」

「だって、シナリオなんてそれこそ書いたことも、見たこともありませんもの。なんなら、もう撮影しちゃっていいんじゃないですか？

ほら、便利なアプリもありますよ」

「スギヤマさん……**動画を作る上で、一番大切なものがシナリオ**です。動画を作るとなると皆さん撮影のことばかりに気を取られがちですが、『いいシナリオがなくては、名作は生まれない』と言われます。何万人もの気持ちを動かす映画やテレビドラマには、魅力的なシナリオが欠かせません。ＰＲ動画も一緒ですよ」

「！」

シナリオは伝えたいことを映像にするための設計図と呼ばれます。シナリオを基に、監督、俳優、美術、音響、照明、衣装などさまざまなスタッフが関わり、映像にしていきます。

動画制作で最も大切なもの、それがシナリオです。そしてシナリオがわかれば、動画にまつわるさまざまな「わからない」を、すっきりと解消できます。

しかも、**押さえるべきはたった一つ。「構成」**です。具体的には第２章で説明します。

図　構成の山

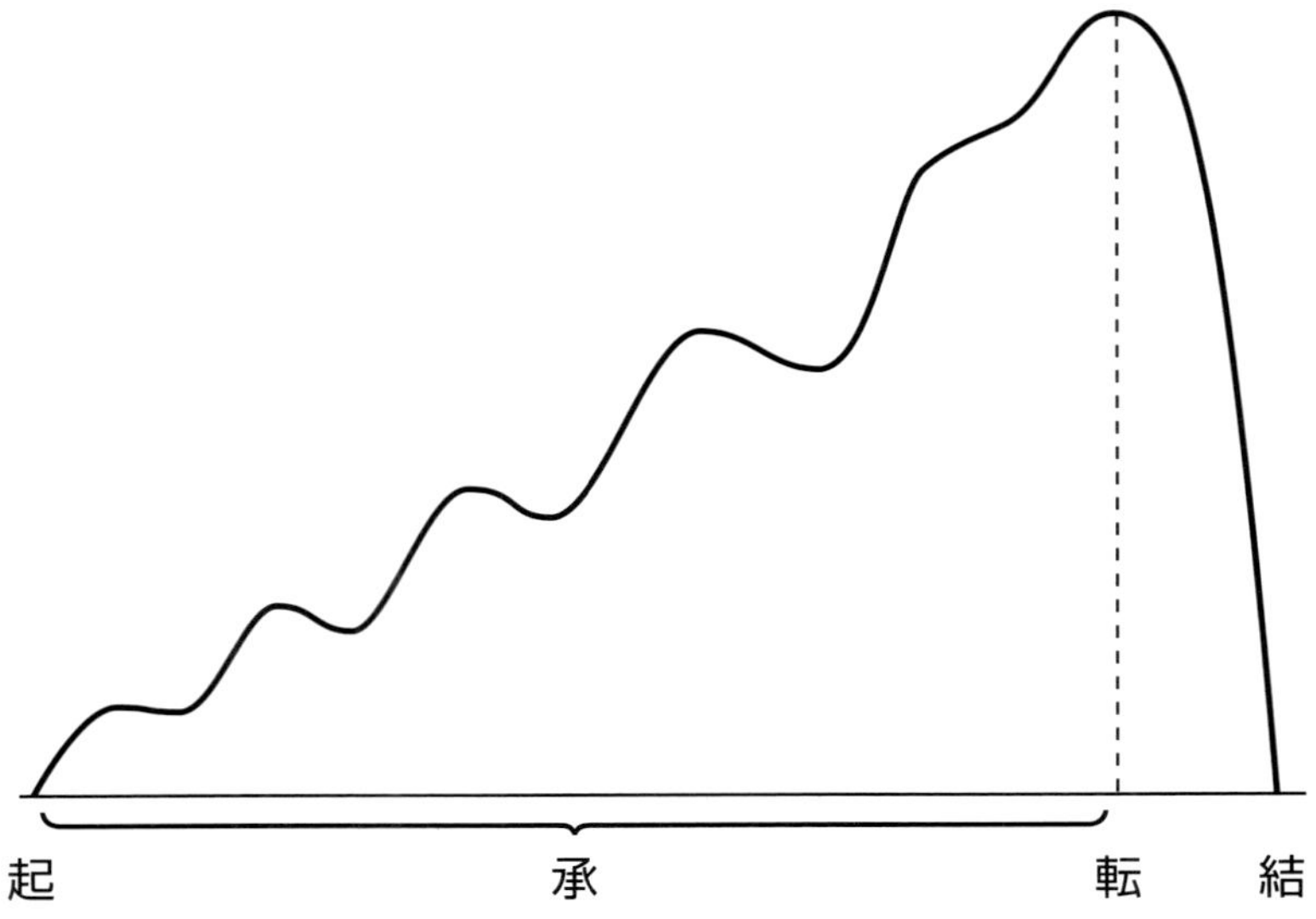

この「構成」さえ押さえられれば、だれでも「伝わる動画」を作ることができるようになります。

さらにスギヤマさんと一緒に「構成」を使って4つのタイプごとにシナリオ制作を実践してみましょう（第2章）。

「シナリオ技術」のいいとこ取り！

これが、この本で提案する「伝わる動画」の作り方です。

だれでもシナリオを作れるようになる

「なんか、疑ってます?」

「いや、『構成』だけでいいなら、やってみようっていう気になってきました。でも……なんか、シナリオを作るって、感覚とか才能の世界というイメージがあって」

「技術って言われてもピンとこない。ですか?」

「正直言うと……」

私たちシナリオ・センターは1970年の創立以来、体系化された「シナリオ技術」を教えることで、業界一多くのシナリオライター、小説家を輩出してきました。これまでジェームス三木さんや内館牧子さん、「ちゅらさん」「最後から二番目の恋」シリーズの岡田惠和さん、「ゲゲゲの女房」「八重の桜」の山本むつみさん、「ごちそうさん」の森下佳子さん、小説家では鈴木光司さん、原田ひ香さん、柚木麻子さん、大山淳子さんなどそうそうたる出身ライターを600名以上輩出しています。

連続ドラマの7割の作品は、出身ライターがシナリオを執筆し、シナリオ公募コンクールの9割はシナリオ・センターの受講生が受賞しているほどです。

創作というと、とかく才能やセンスだと思われていますが、もって生まれた才能を発揮するためには確固とした技術が必要です。どんなに才能があっても、技術がなければ多くの人に伝わる作品を作ることはできないのです。

これからの時代、動画を作ることは、動画を観ることと同じくらい身近になってきます。動画が増えれば増えるほど、見映えがいいだけ、無茶苦茶なことをしているだけの動画では、多くの人に観てもらうことはできません。

　これまではエンターテインメント業界にしか届けてこなかったシナリオ・センターの持つ「シナリオ技術」を、より多くの方に使ってもらいたいのです。


「つまり、私みたいな人ですね」

「その通りです。シナリオがわかれば『伝わる動画』は作れますから！」

「でも……」

「なんか難しそう……って思っていますね」


　映画やテレビドラマを作るために必要なのがシナリオです。そう考えるとなんだか難しそうと思うかもしれませんが、シナリオは小学生から書けます。シナリオ・センターでは地域の小学校にシナリオの出前授業をしています。たった90分の授業で、どんな子でもシナリオを書けるようにしてしまいます。

　また、シナリオを使った営業担当者向けの企業研修も行なっています。普段シナリオに一切触れたことのないビジネスパーソンの方も楽しみながら研修に参加しています。

　まさに、「シナリオ技術」のいいとこ取りのなせる業です。

3 作る人はもちろん、広報担当者でも知ってほしい「動画作り」のプロセス

「小学生でも書けるなら……でも、ちょっと待ってください。もしも私が、自社で動画を作る場合には『シナリオ技術』を勉強する必要はあると思うんです」

「そうですね」

「でも、制作会社に動画を依頼するなら『シナリオ技術』を勉強する必要はないですよね？」

「制作会社にお願いするのですか？」

「いや～なんていうか、社内向けの動画は自社で作って、社外向けの動画は制作会社にとも思ってるんです」

「やっぱりプロに頼みたい？」

「そうです。なんせプロなんだから、いい動画を作っ

てくれそうじゃないですか」

「そう考える方、結構多いんですよ」

「？」

「制作会社にお願いするのも一つの手です。でもね、期待したような動画ができるかは怪しいものです」

「え？　そうなんですか？」

「だってスギヤマさんは、失礼ですが動画のイメージを制作会社に伝えるコトバをもっていらっしゃらないからです」

「え、伝えるコトバ？」


動画を自分たちで作る場合はもちろん、制作会社に依頼をする場合でも、シナリオ制作前・中・後のプロセスごとに、何をすべきかを理解していないと「伝わる動画」は作れません。丸投げで「伝わる動画」が作れるほど簡単ではありません。

第3章では、シナリオ制作・中はもちろん、シナリオ制作・後に役立つ**シナリオチェックリスト**を用意してあります。「伝わる動画」になっているか、リストを使えばだれでも確認することができます。

図　動画作りの共通言語

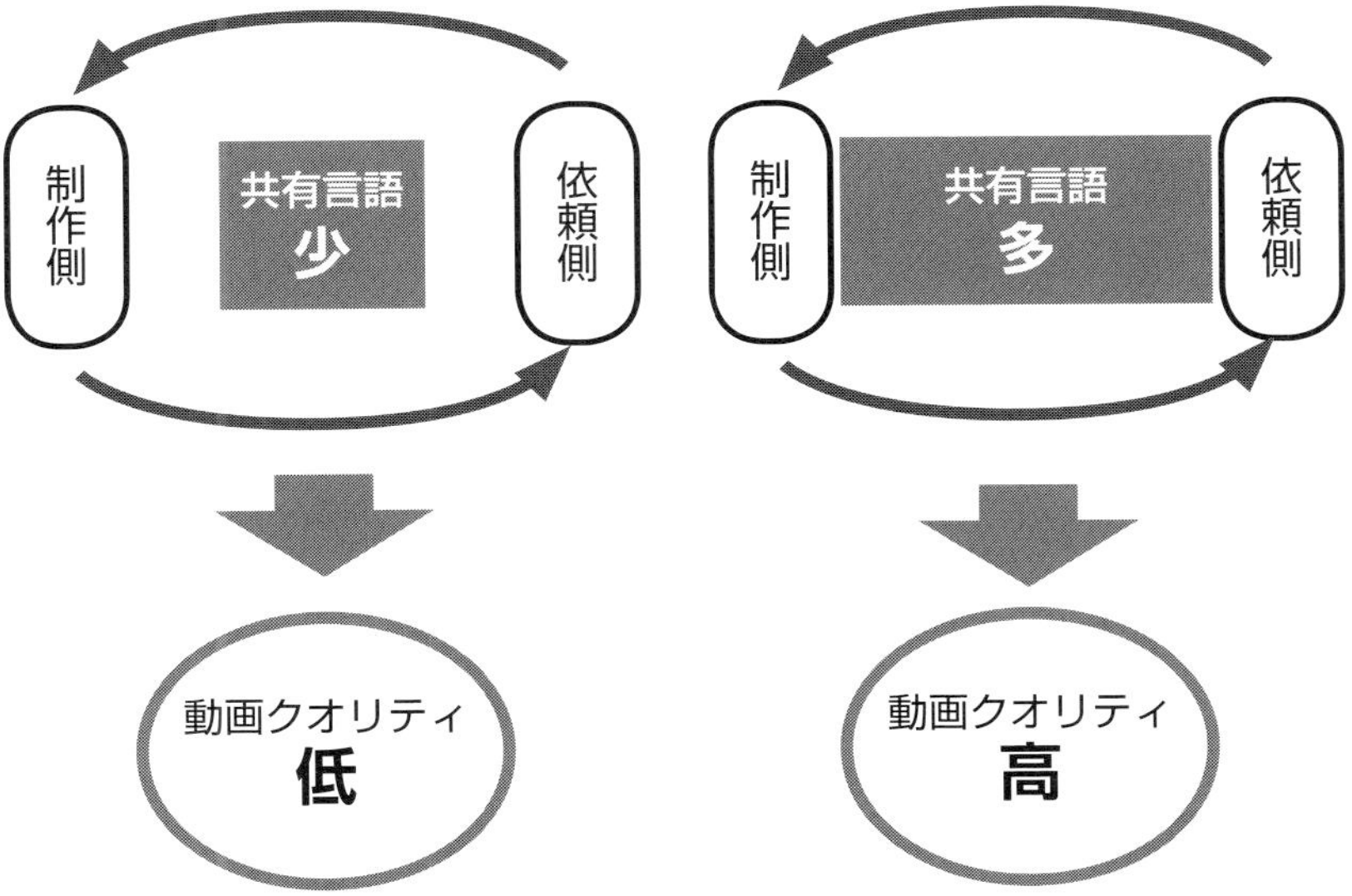

「そうか……、もしも私が制作会社に動画制作を依頼するとしても『**こういうねらいで、こんな動画を作りたい！**』**って動画のイメージを伝えるコトバ**が必要だし、できたシナリオには『こう直して』って伝えるコトバが必要なんだ！」

「その通りです。実はスギヤマさんにお会いする前に、CMなどの動画制作会社にちょっぴりインタビューをしてきたんです。役に立つかなぁって」

「準備万端ですね！　ところで、何を聞いたんですか？」

「映像制作の時に、制作会社がよくぶつかる問題についてです」

「へぇ〜。それは僕も聞いてみたいなぁ」

映像制作現場の声

企業側の……

・テーマが不明確。
・映像にしたいことが多過ぎる。
・イメージしている動画の提示がない。
・動画の使い道が定まっていない（動画を最終的にどうしたいかがわからない）。
・撮影に立ち会わない。
・動画が出来上がってから、直しを要求される。

数名の方にインタビューさせていただいたところ、重複する意見も多く、大体同じポイントで問題を抱えやすくなっていることに気付きました。

依頼する企業としては、よくわからないからプロにお任せしてしまいたい……というところですが、制作会社だって、しっかり固まりきっていないアイデアを形にすることは不可能です。

「そうかぁ。いくらプロでも、いきなり作ってください！ってだけ言われても困りますよねぇ」

「でも、意外なことも聞けました。『こんなふうに撮りたい』『あんなふうにしたい』と、意見を言われるのは、そんなに嫌ではないみたいでしたね」

「へぇ〜。そこは『口出さないで！』ってことかと思ってました」

「いえいえ。むしろどうしたいのかはっきり言われたほうが作りやすい、と」

「聞かないとわからないものですねぇ」

「そうですね。あと、作りやすいものもあるようで、『企業の商品PRは作りやすい。担当者が商品の魅力をしっかりわかっているから』って教えてくれました」

「作りにくいのは？」

「会社自体のPR動画については、企業側から『こんな動画で……』と指定があっても作りにくいんだそう。びっくりしたのは、会社概要のパンフレットを渡されて、そこから考えて欲しい、なんていうのもあったそうです」

「それはちょっと、大変すぎる……」

「ですよね」

「てことは、動画制作に関わるなら、『シナリオ技術』を勉強しないとダメなんですね」

「はい。そうしないと予算と時間ばかりがかかってしまう、なんてことにもなりかねませんから」

「あぶなかった〜」

「伝わる動画」をつくろう！

この本は、**「伝わる動画」を作るための本**です。プロのシナリオライターを目指す本ではありません。そのためプロが使っている「シナリオ技術」を、皆さんが「伝わる動画」を作るために使いやすいように紹介していきます。「スギヤマさん」という動画初心者の仮想聴講生と一緒に、「シナリオ技術」のいいとこ取りをしていきましょう。紹介する動画の例は1分前後で作れるものを想定しています。

この本を読むだけで、動画を使って商品の紹介、会社の理念の紹介をすることができるようになります。

さらに、誰に向けて、どんな媒体を使えばいいのかまでわかるようになります。今までよりも多くの人に「いいね！」と思ってもらえるようになります。

結婚式や二次会用のVTR、ホームビデオを作る際にも使えるおいしい本です。

「あ、あの！」

「急にどうしたんですか？　スギヤマさん」

「だんだん、燃えてきました！　だからこそ、お聞きしたいんです」

「？」

「えっと…ウチは老舗の手帳メーカーです。大企業ではないです。でも、商品力はどこにも負けません！　自信があります！　だから、動画を使ってそこをちゃんと伝えたいんです」

「！」

「あ、あと会社のことも知ってほしいです。ムチャクチャな社長ですけど、手帳への想いとか社会貢献への想いとか、尊敬している部分もすごいあるんです」

「動画を使って、それらを伝えたいんですね」

「はい！　私なんかにできるでしょうか？」

「大丈夫ですよ、スギヤマさん。ひとつひとつのステップを慌てることなく、一緒に進んでいきましょう。そうすれば、営業から広報に異動したばかりのスギヤマさんにも、『伝わる動画』が作れますから！」

「頑張ります！」


この本とともに「伝わる動画」を作って、あなたの会社のこと、商品のことを今よりももっともっと多くの人に知ってもらいましょう。

付録として、シナリオの書き方、絵コンテの書き方、シナリオ用語集（本文中＊がついている言葉）、動画の撮影方法、編集方法を簡単ながら紹介します。

では早速「シナリオ技術」のいいとこ取りをしていきましょう。

はじめましょうか、スギヤマさん。

第1章 動画を使ってプロモーションするには

何をどうしたらいいか、具体的に解説します

1 動画サバイバル時代の到来！

というわけで、「伝わる動画」の最初のステップを踏みだしていきましょう。私たちの身の回りには動画があふれています。動画を導入することのメリット、動画が置かれている現状、動画の種類、動画を作るための考えかたも少しずつ整理していきましょう。

スギヤマさんもまだ、これから具体的にどんな動画を作りたいのかまでは把握しきれていない様子です。

動画作りで困っている方も、スギヤマさんと同じ状況なのではないでしょうか？

この章では、動画作りの初めの一歩、シナリオ制作・前から一緒にひもといていきましょう。

動画を使うメリット

「あの～そもそもの質問、いいですか？　動画ってなんでこんなに増えたんでしょうか」

「そうですよね。一つには、ＳＮＳの発達、次に、撮影や編集機材が身近になったことがあげられます」

「確かにスマホで撮影から編集までできますもの」

「そうなんです。さらに、動画はお客様にとって、『わかりやすい』のではないでしょうか」

「『わかりやすい』ですか？」

「スギヤマさんは、いつ動画を見ますか？」

「うーん、欲しいものがある時、ですかね？　例えば、欲しいデジカメがあったら、その商品の動画を見て、操作性や使用イメージを確認しますね」

「なぜ、動画を？」

「え〜っと、取扱説明書みたいな、字だけ、画像だけのパンフレットよりわかりやすい……わかりやすいからです！！」

「ですよね。他に、あまり関心がなかった分野でも動画ならどうですか？」

「面白い動画だと、なんとなく観てしまうっていうのはあります」

「そうです。だから動画なんです」

「！」


動画は、お客様に知りたい情報をわかりやすく伝えることはもちろん、お客様の新しい発見に一役買っています。

お客様にとっていいものは、企業にとっても大きなメリットがあります。例えばショップや企業も、動画を見せることで購買に繋げることができます。わざわざ店頭に来てもらわなくてもお客様に購入してもらうことができれば、人件費や固定費を抑えることにも繋がります。

また、いままで自社の商品について興味がなかった方に興味を持ってもらうきっかけになります。

さらに採用担当者は、「私たちの企業が欲しい人材は……」という動画を自社HPに載せています。そうすることで会社のことを知ってもらうことはもちろん、具体的に働いている姿をイメージしてもらうこともできます。

動画を使ったプロモーションが増えている理由は、お客様にも企業にも大きなメリットがあったからです。

わかっているようで、わかっていない動画

「やっぱり動画なんですね。でもなぁ」

「？」

「『頑張ります！』とは言ってみたものの、そもそも、何がわからないかが、わかっていない気がするんです……」

「スギヤマさんは、デジカメの動画を観たっておっしゃいましたよね。他には？」

「えぇ〜っと……急に言われると……」

「じゃあまず、私たちの周りにある『動画』を調べてみましょう！」

「えっ、今ですか？ ええ〜っ！」


街へ出ると、実にたくさんの動画に出会います。大きな交差点には大型ビジョンがあります。テレビが置いてあるお店からは、テレビＣＭが流れています。スマホに目を落とせば、ＳＮＳで必ずと言っていいほど動画が配信されています。

大型家電量販店をのぞいてみましょう。ふっと横を見ると、量販店の店頭に置かれたディスプレイでは、最新のデジタルカメラのプロモーション動画を流しています。


「あ、これ、私が動画で見ていたデジカメです。ほら、紹介動画が流れていますよ」

「なるほど。この動画はすでに購入を検討している方向けに作られたものですね」

「へぇ〜」

「ＰＲ動画のＡタイプ『商品直接型』です」

Ａ　商品直接型

・商品やサービスの購入をお客様に促すときに効果的
・商品やサービスについての具体的な数字や機能について伝える
・生活雑貨全般（家電・食品・衣類・雑貨）に使える
・商品紹介ページ、ＥＣサイト（Ｗｅｂ）、公式ＳＮＳとの相性がいい
・シナリオの難易度は低い

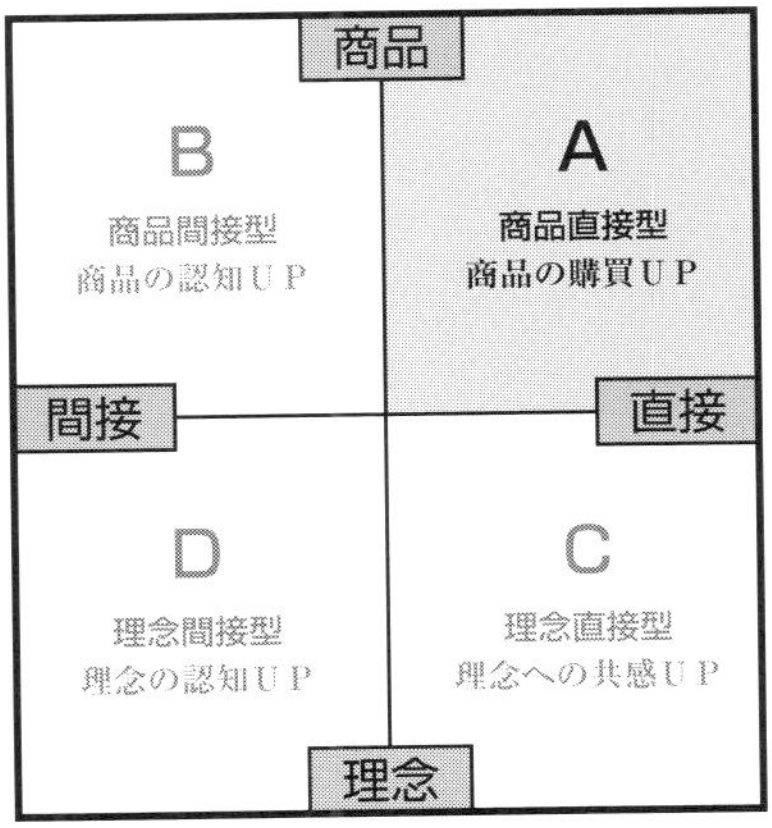

図Ａ　商品直接型

「へぇ～たしかに掃除機のCMとかもそうかも。他にも洗剤のCMとか、なんか結構見ますよね」

「一番目にする型ですね」

「上の階には、旅行代理店がありますよ。沖縄で家族が楽しそうに遊んでる動画って、CMとかSNSとかで観るじゃないですか。私、沖縄が好きなので、行きたいなぁ～って思っちゃいますよね」

「『今なら、お得に！』のCMですか？」

「いえいえ、最後に『家族と過ごす楽園』だとかってコピーで終わるやつです。あれも商品直接型ですか？」

「あぁそれなら、商品間接型ですね」

B　商品間接型

・長期間での認知拡大、ファンの獲得をしたいときに効果的
・商品やサービスによる体験を伝える
・体験に重きを置くサービス（レストラン・宿泊施設）などに使いやすい
・SNS広告との相性がいい
・シナリオの難易度はやや低い

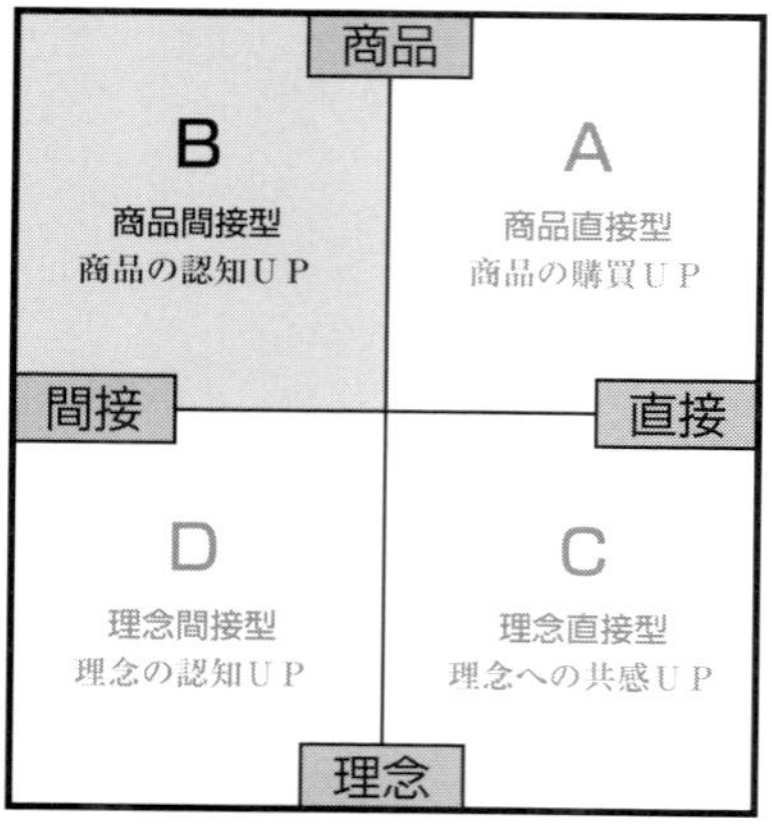

図Ｂ　商品間接型

「商品間接型というのは、商品そのものを紹介するよりも、その商品を使っている時間とか空間とかライフスタイルみたいなものを提案しているイメージですか?」

「まさにその通りです!『今ならお得に!』という直接的な表現ではなく『家族と過ごす楽園』という間接的な表現になります」

「なるほど~」

「会社理念の紹介については、家電量販店では、目にしませんでしたよね?」

「スギヤマさんがほしがっていたデジカメの会社のホームページ、のぞいてみましょうか」

「ホームページですか?」

「ここをクリックしてみてください」

「ん? なんか会社の理念やら沿革やらを社長さん自ら語ってますね」

「これが理念直接型の一例です」

C 理念直接型

・企業理念をより詳しく伝えたいときに効果的
・企業の理念や目標について、明確なメッセージを伝える
・求人サイトや会社案内、リクルート、社内広報向け
・シナリオの難易度はやや高め

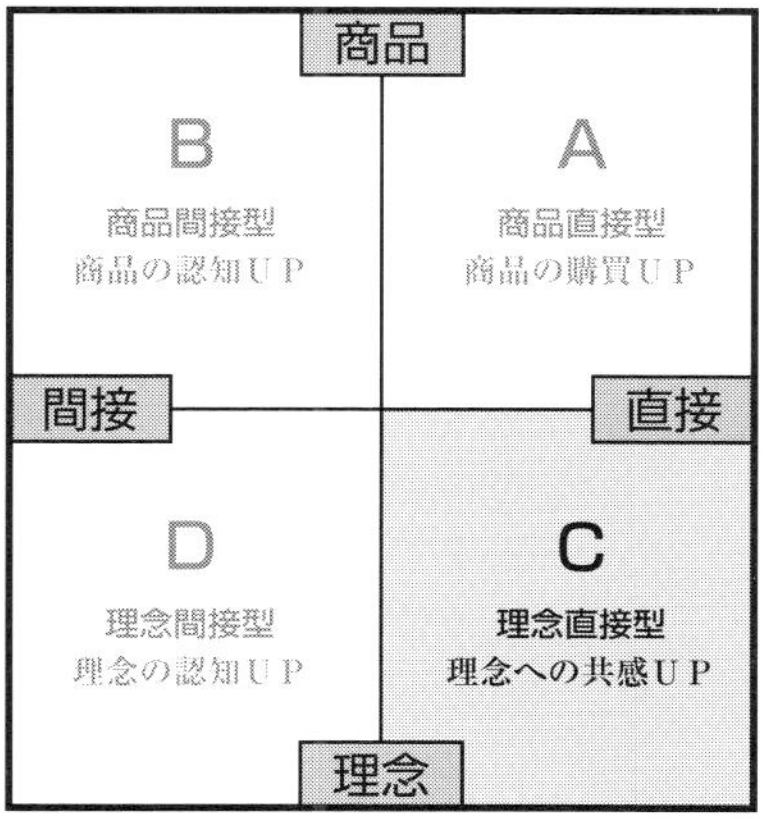

図C　理念直接型

理念直接型のＰＲ動画は、昨今ではリクルート向けの会社説明会や社内広報などにも使われ始めています。

「あぁ～なんかウチの社長も、こういうのやりたがってました。あとは、理念間接型ですか？」

「はい。おそらく難易度は一番高いですね」

Ｄ　理念間接型

・企業理念をより多くの人に知ってもらいたい場合に効果的
・企業の考え方や理念を感じ取ってもらう
・ＳＮＳ広告との相性がいい
・シナリオの難易度は高め

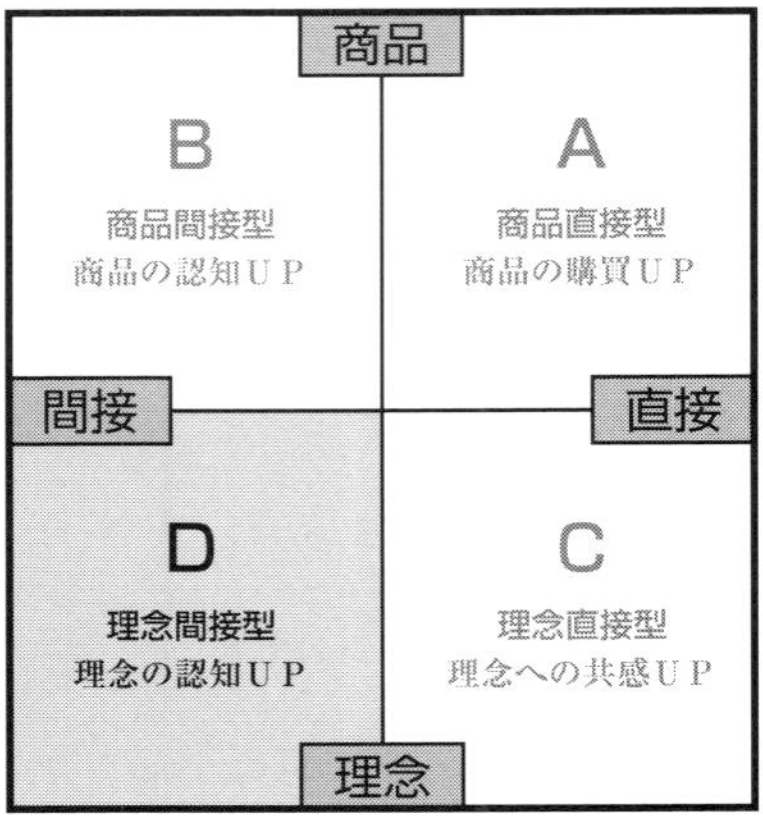

図Ｄ　理念間接型

「高級ブランドのＣＭで、なんかすごいかっこいい！みたいなのありますよね？」

「そうですね。商品が全面にでていないけど、会社の理念とか姿勢とかが印象に残る動画です」

「あ、ＳＮＳでも見たことあります。それは社長さんが何でも挑戦してみるっていう面白い動画でしたけど、『挑戦する企業』っていう印象は感じました」

　私たちの周りには、多くのＰＲ動画があります。ですが、先の章でも述べたように突きつめると４つに分けられます（12頁参照）。

4つのタイプに分けて動画を考える

無数にあるPR動画の中から、自分たちがどんな動画を作ればいいのかを考えると目が回りそうです。しかし、4つのタイプに分けて考えると頭が混乱せずにすみます。ここではどうしたらいいかの手順も入れて、詳しくみていきましょう。

動画を作る上で、最初にやるべきことは**目的・ターゲット・媒体**を決めることです。先の4タイプを使うと、シナリオ制作・前に押さえるべき目的、ターゲット、媒体を整理することができます。

目的を明確にする

まずは、**動画を撮る目的**を決めましょう。目的があって初めて何を作ろう、どんなふうに撮影しよう、という話が出来るようになります。

大きく分けると、**商品の紹介なのか、会社理念の紹介なのか**、この2つの軸で考えます。

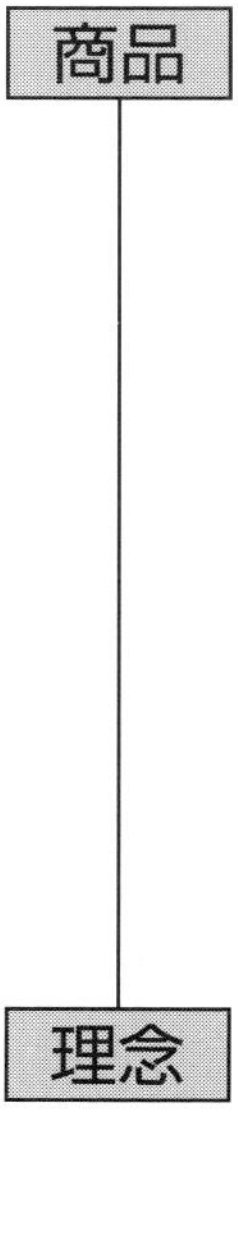

動画を制作する側、依頼する側で、そもそも何のためにこの動画を作るのかという、目的を共有することは必須です。

作業が進んでいくと、当初の目的から外れてしまうことがあります。いつでも動画を撮る目的に立ち戻ることを忘れないようにしてください。

「わかる気がします。会社の紹介なのに、せっかくだからもっと商品のアピールしようよ！みたいな話になったりして」

「はい。当たり前のようですが、最初に頭に入れておかないといけないことです」

「目的を押さえておかないと、何が言いたい動画なの？ってお客様に思われちゃうってことですよね」

ターゲットと媒体を明確にする

商品の紹介か会社理念の紹介かが決まったら、誰に紹介するのか、どんな媒体を使って紹介するのかを整理していきます。２つの表現方法を軸にして考えていくと整理することができます。

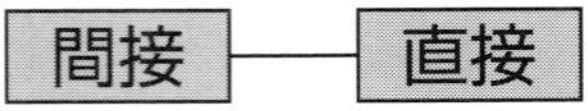

直接型が向いているターゲットは？

「スギヤマさんは、手帳メーカーですよね」

「はい！」

「では手帳を買う人の年齢、性別、名前を具体的に考えてみてください」

「そうだなぁ……。鈴木さやか、31歳」

「いいですね。じゃあ、彼女はどんな仕事をしていますか？　家族構成は？」

「えっ？　そんな話、要ります？」

「まぁまぁ。続けてください」

「人材派遣会社のマネジャー。結婚しながら仕事も両立するデキる女性！　手帳の使い易さにはこだわりがある！とか？」

「すばらしいですね！　この方はすでに手帳に興味がある方ですね」

「はい！　まさにウチのお客様像です」


自社の商品、自社についてすでに興味を持っている方をターゲットにする場合に有効な表現手段が直接型です。

すでに興味を持っている方をターゲットにする直接型の動画では、商品についての詳細な情報や会社理念について、ストレートに伝えると大変喜ばれます。

「先ほどの鈴木さんはテレビをよく観ますかね？」

「そうですね~鈴木さんは、テレビドラマはよく観ているような気がします」

「ということは、テレビCMも有効かもしれませんね」

「はい！　でも予算が……」

「ですよね。ネットで買い物はどうでしょうか？」

「この世代なら活用してそうですね」

「となると、ECサイトなどで商品をわかりやすく説明した動画があったら？」

「観てくれるかもしれません！」

「手帳に対する御社のこだわりや理念についてはどうですか？」

「結構、興味を持ってくれるかもしれません！　そうか、鈴木さんのような方に観てもらいたいなら、当社のホームページでもいいわけですね」

ターゲットが決まれば、**そのお客様が接する媒体を考えることができます。**

直接型の表現は、お客様の属性としては**顕在層に対して有効に働く傾向**にあります。

間接型が向いているターゲットは？

「今度は手帳にあまり興味を持っていないけど、必要になるかもしれない人を考えてみましょう」

「え~と、佐藤次郎さん、27歳、IT系メーカーの営業、独身。家族とは離れて1LDKのマンションに一人暮らし」

「いそうですね」

「スケジュール管理はアプリを活用しているって感じでしょうか」

「手帳よりアプリ派なんですね。スギヤマさん、佐藤さんはどんなテレビを観ますか？」

「いやぁ、この佐藤さんなら、テレビは観ないでしょうね。全てPCかスマホで済ますんじゃないでしょうか？」

「なるほど。具体的になってきましたね」

「はぁ……」

「ということは、この『佐藤さん』的なターゲット層には、テレビCMは有効じゃないっていうことになりませんか？　テレビを見ないターゲット層ですから」

「そうですね。でも、スマホで流れる動画CMとかSNSに流れていたら、気になって観てくれるかもしれませんね！」

「そうそう、そんな感じです」

　自社の商品や理念について、まだあまり知らない方をターゲットにする場合に有効な表現手段が間接型です。

「スケジュール管理はアプリで十分」と思っている方に、手帳の機能について詳細に説明しても聞く耳を持ってくれません。間接型の表現は商品そのもの、会社理念そのものに興味を持っていない**潜在層をターゲットにする場合**に有効に働く傾向にあります。間接的にそれとなく、商品や会社の良さをアピールすることができます。

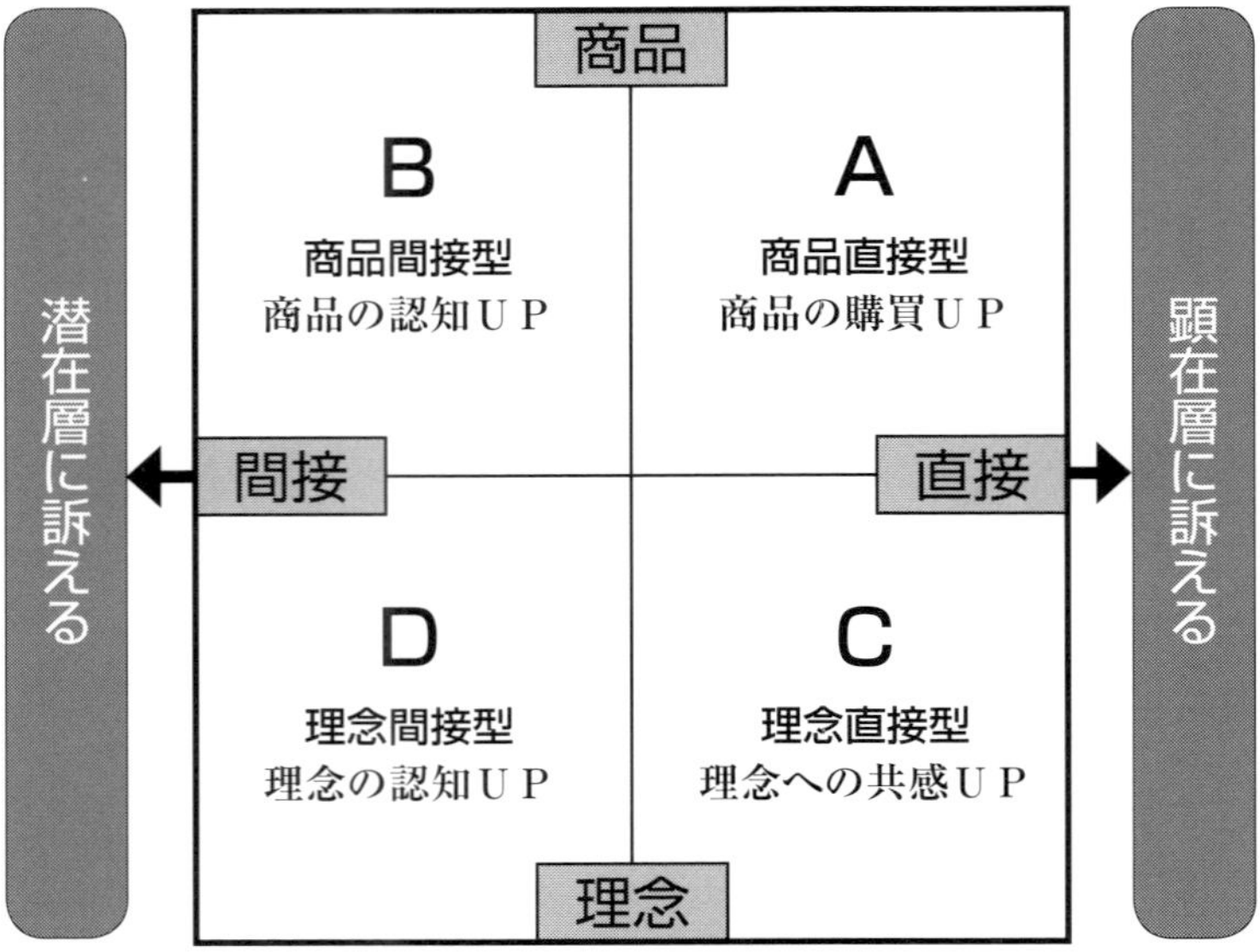

「商品の向こう側にいる人を考えるのって、作る時も売る時も必要なんですね」

「さすが、営業畑の長いスギヤマさん。鋭いですね」

「いや〜それほどでも〜」


ターゲットとなるお客様は、**興味を持っている顕在層とこれから興味を持ってもらいたい潜在層**の二つに分けることができます。ターゲットの属性がどちらなのかがわかれば、動画を制作する目的に合わせて、直接型か間接型か、表現方法を選ぶことができます。

媒体の特性も意識しておく

「今までの話だと、いい動画が撮れた！といって、とにかく動画を載せても効果はないわけですよね？」

「その通りです。スギヤマさん。

現在の主にＰＲ動画で使われている媒体と、その表現の方向性やターゲットを入れた次のページの図があるので、こちらを見てください」

「こんなにあるんですかぁ〜」

「いえいえ、これはまだメジャーなものだけです。この先３年後、５年後、新しいものも出るし、もしかしたら今メジャーなものがマイナーになることもあるでしょうね」

「ひぇ〜。移り変わりが早いですね」

「不安ですか？」

「いや、そんな時こそ、先の４タイプを使ってどんな動画をどんな媒体で流せばいいのか考えます！」

「！」


一口にビジネス向けの動画といっても、目的とターゲットによって媒体との相性は変わってきます。

例えば、その媒体がどんな画面を通して、どんな状況で観られるのかも考えておきたいポイントです。


「画面と状況って、どういうことですか？」

「ＰＲ動画の代表といえば、テレビＣＭですよね」

「確かに」

「テレビＣＭを観る時ってどんな時ですか？」

図「伝わる動画」媒体特性早わかり表

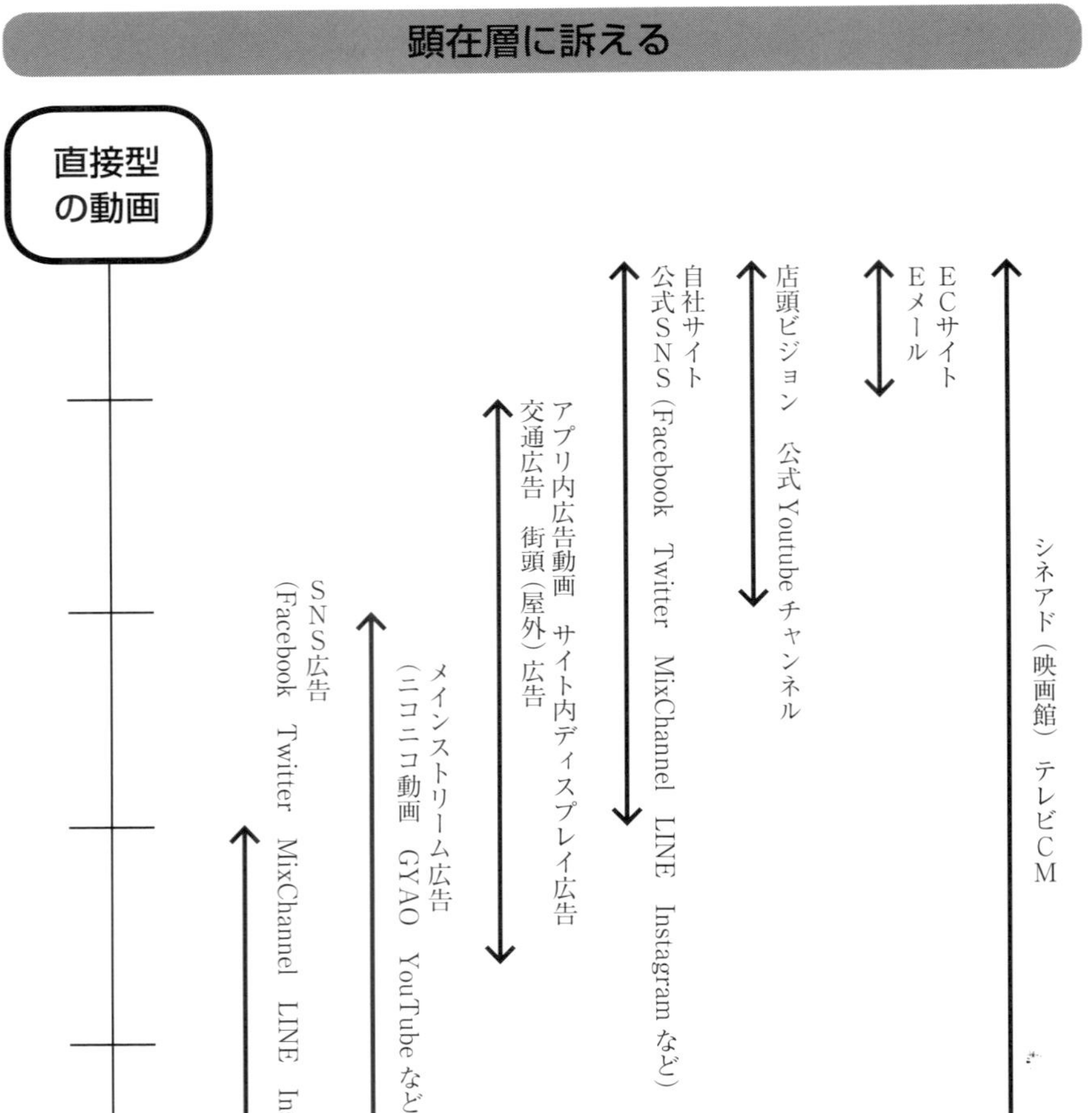

※媒体については、ターゲットのセグメント方法などで活用方法は変わります。あくまで参考としてください。

「そりゃ、番組の合間にテレビで観ます」

「では、スマホでPR動画を観る時はどんな時ですか?」

「えっと……SNSをしている時とか、動画サイトを見ている時でしょうか?」

「どんな時に観てます?」

「暇なときとか、移動の時とかですかね」


動画を観る媒体も、街頭ビジョン、映画館、テレビ、パソコン、タブレット、スマホと、デバイスの大きさはさまざまです。動画を流したい媒体が、どんなデバイスで観られるのかを考えておく必要があります。

また動画を観る状況の違いにも注意が必要です。映画館でのCMやテレビCMは、CMが流れること、流れるタイミングを視聴者は経験的に知っています。

SNS広告の場合は、タイムラインに視聴者の予期せぬタイミングで流れます。動画は目に入りやすい分、お客様が欲しいと思う情報や、魅力的な内容でないと、楽しい時間をジャマされた気持ちになってしまうのです。PRのための動画が逆効果になる、なんてことになるかもしれません。

「伝わる動画」を作る際には、必ず媒体の特性についても整理しておいてください。

「よ~し、撮影前にやらなくちゃいけないことが大体わかってきたから、もうそろそろ撮ることについて話をしませんか?」

「そうですね。では、今度はスギヤマさんが動画でやりたいことを整理していきましょう!」

2 作りたい動画を４つのタイプに当てはめてみる

「あっ！　そういえば、社長に言われていることが実はたくさんあるんです」

「へぇ、どんなものですか？」

「まずはウチの定番製品『手帳』の売り上げアップ」

「まず１つ目はそれですね？」

「それと、今後はその手帳シリーズのラインナップを増やしていくから、そのＰＲ」

「それが２つ目」

「まだあります。社長が、今後欲しい人物像やウチの会社のビジョンを語るから、それを撮影して使って欲しいって……目立つの大好きなんです、ウチの社長」

「はいはい。じゃあそれが３つ目」

「まだあります。ウチの会社って『人の人生に寄り添う会社』っていうのが会社自体のスローガンみたいなもので、それも世の人々に知ってほしい！　なんて大きいことを言い始めちゃって……そんなのも動画にで

きるんでしょうかね？」

「大丈夫ですよ。で、この４つが動画でやりたいことですね」

「はい……多すぎますよね」

「いえいえ、この４つは、企業が動画として作るもののパターンに当てはまっているので、その特徴が生きる動画を作ればいいだけです」

「そんなことができるんですか？」

「はい。ではさっきのやりたいことを、４つのタイプの図を使って整理してみましょう！」

スギヤマさんの課題はみんなの課題！

先ほど挙げた、４つのやりたいことは、

①手帳のＰＲ（購買ＵＰ）
②シリーズの告知（認知ＵＰ）
③欲しい人材の説明（共感ＵＰ）
④会社の方向性のＰＲ（認知ＵＰ）

どの企業でも、動画を作成する目的は大きく分けてこの４つではないでしょうか。

早速、４つのタイプに分けてみると……

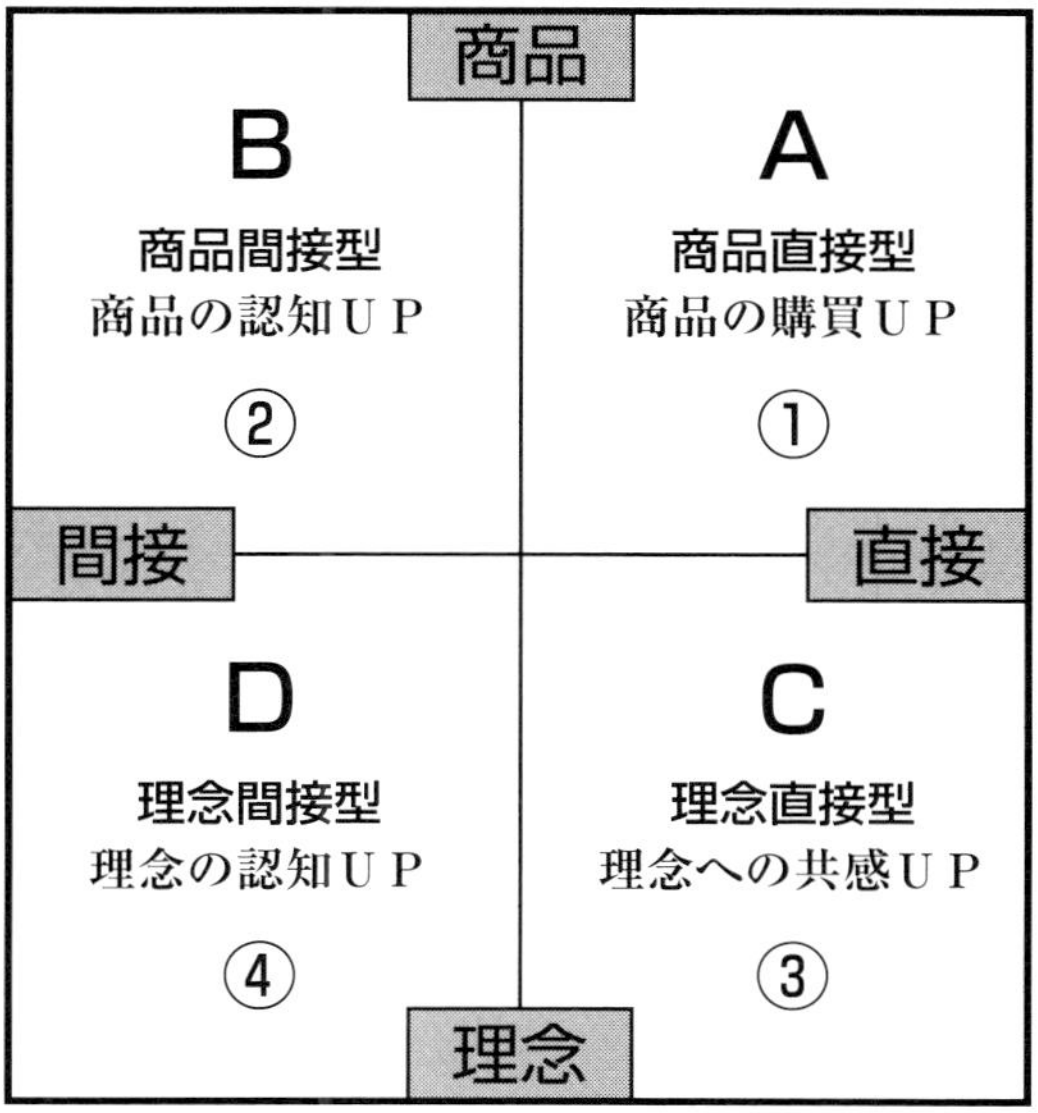

図　PR動画の4タイプ

	効果的な使いかた	動画の特長	相性のいい媒体	シナリオ難易度
A 商品直接型	短・中期間での購買UP	商品・サービスを数字・機能の説明などを通して具体的に訴える	自社サイト（商品ページ）・公式SNS・ECサイト・youtube公式チャンネル	★★☆☆☆
B 商品間接型	中・長期間での商品認知度UP	商品・サービスを使った経験などを通して抽象的に訴える	自社サイト・SNS広告・サイト内ディスプレイ広告	★★★☆☆
C 理念直接型	会社理念への共感UP	会社理念や企業姿勢を具体的に訴える	自社サイト（採用ページ・会社案内ページ）・求人サイト・交通広告	★★★★☆
D 理念間接型	会社理念の認知UP	会社理念や企業姿勢を抽象的に訴える	SNS広告・インストリーム広告（YouTubeなど）・アプリ内広告・テレビCM	★★★★★

ざっと特徴と用途などを絞ってみると、このような違いが見えてきます。

みなさんが作りたいと思っている動画も、4タイプを使って整理してみましょう。

「おぉ〜。確かに、4つのやりたいことの方向性がキッチリ分けられますね！」

「そうなんです。別に手帳じゃなくてもできますよ」

「うちが手帳以外を作る日が来ても安心だ！　じゃあ、さっそく次にいきましょう！」

毎日のように、バズる動画がピックアップされてはそれがシェアされ、再生回数を伸ばしています。

多くの企業が「ウチでもこんな動画を作ってヒットを飛ばすぞ！」と思って焦って作ります。しかし同じようにはヒットはしません。

なぜなら小手先のテクニックでは、視聴者はダマされないからです。多くの動画に接している視聴者の目は、思ったよりも肥えています。なので、気を付けなければいけないのは、映像の面白さ、見せ方の斬新さだけの、中身のない動画にしないことです。
「伝わる動画」を作るため、動画制作に関わる全ての人が、シナリオ制作・前に**目的・ターゲット・媒体についてきっちりと整理**をしましょう。

では次の章では、4タイプごとの構成のポイントを紹介します。

さぁ行きますよ！　スギヤマさん。

ポイントの整理

- **ビジネス動画は4つのタイプに分けられる**
- **動画を作る〈目的〉を押さえる**
- **動画を観せたい〈ターゲット〉を具体的にする**
- **動画を観てもらう〈媒体〉の特性を掴む**

第2章の0 伝わる動画を作る決め手はシナリオ

「ドラマ」のある動画を構成する「起承転結」

1 「伝わる動画」のキーワードは、たった一つ「変化」

第2章では、スギヤマさんと一緒に「伝わる動画」4つのタイプを使って、実際に動画の構成を考えていきます。

タイプごとに、動画を作る目的・ターゲット・媒体が異なります。ということは、伝え方も変わるということです。伝え方の違いを理解し、意識しながら構成を考えることで、誰でも「伝わる動画」を作ることができるようになります。

かなり実践的に進めていきますよ! さっそく、取り掛かりましょう。


「スギヤマさん、『伝わる動画』のキーワードは、たった一つです。なんだかわかりますか?」

「えっ?」

「これがわからないと、『伝わる動画』は作れませんよ。例えば、記憶に残っているCMはありますか?」

「ああ僕、お父さんが子どもの願いをかなえるためにワンボックスカーで天体観測に行くCM好きなんですよね~普段は忙しそうなお父さんが、颯爽と車に乗り込んでってやつ」

「確かに、いいCMでしたよね」

「はい」

「あのCMにも、ヒントが隠されていますよ」

「変化」をつけてドラマチックにする

私たちが何気なく見ているCMやPR動画は無数にあります。その中で、印象に残るものと残らないものがあります。

さらには、好んで観られるものと観られないものがあります。その差は一体、何でしょうか。

答えは、ドラマがあるかないかの差なのです。印象に残る映像には必ずドラマがあります。「伝わる動画」を作るためには、ドラマが必要なのです。

ではドラマとは何か。

ドラマとは、変化です。

例えば……

料理が下手だったお母さんが、その調味料を使って食事を作ると、子供たちがおいしいと言ってくれる。

・変化　下手↓上手

旅行に行きたいなぁと思っていたOLが、貯めていたポイントを使って格安で南の島へ！

・変化　行きたいなぁ↓行ける

ちょっとぽっちゃりしていた女の子に好きな人ができた。彼に振り向いてほしいから、ダイエットを始める。

スポーツジムに通うことでやせてきれいになり、相手との恋が始まる。

・変化　ぽっちゃり↓スリム

小さな町工場だった会社が、徐々に社員も増え、様々な苦難を乗り越えながら、大きな会社へと成長する……。

・変化　町工場↓大企業

笑顔で働く女性が、地域への貢献活動を通して、地域の人も笑顔になり、社員と地域の人みんなと微笑みあう。

・変化　一人の笑顔→みんなの笑顔

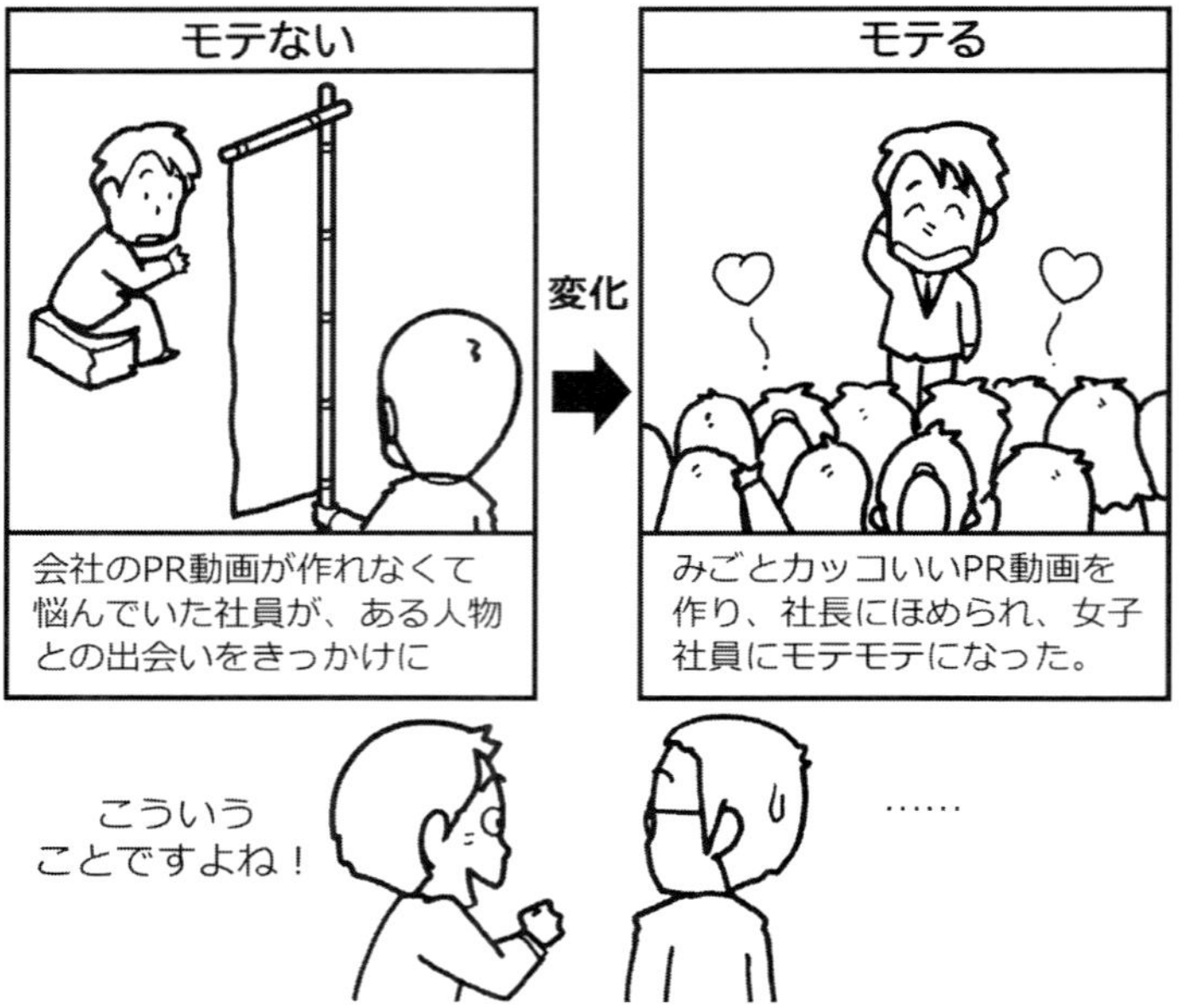

どうでしょう、始まりと終わりでは何かが変わっています。

要は、商品なり企業なりと関わることで、お客様に起きる変化を伝えれば、印象に残る動画にすることができるのです。

「確かに、印象に残る動画って、変化があるような気がします」

「スポーツだって、圧勝よりも逆転勝利のほうが圧倒的に印象に残りますし、感動しますよね！」

「確かに！　そ、そうか。ＣＭやＳＮＳで流れてくるＰＲ動画で、イマイチだなぁ～と思う動画って、

・単純に、観ていて面白くない
・興味が持てない
・どう役立つかわからない
・何が言いたいのかわからない

とかですよね。それって、変化が感じられないんだ」

「スギヤマさん、鋭い！　変化のある動画は、

・短くても感動的

・思わず試したくなる
・使っている自分がイメージできる
・企業姿勢がかっこいいと思う
・企業姿勢に共感できる

と、いいことだらけです」

「キーワードはドラマなんだ！」

動画の中にドラマ性があると、観る側は登場人物に感情移入し、同じように悩み、それを克服し、結果的に、物語に出てきた商品やサービス、会社の理念を記憶に留めることができます。

「現状を変えたい人が、その夢を阻む障害（対立や葛藤*）を乗り越えることで、最後には変化・成長する」

これこそがドラマであり、「ドラマとは変化である」と言われるゆえんです。

PR動画の場合は短いので気がつかないかもしれませんが、たいていは人物が登場し、その商品や企業理念に接することで、最後に何らかの変化をしていることが多いのです。

ドラマを使えば、メッセージが伝わりやすい

ビジネスでの動画は、制作費や広告費をかけて発信するPR映像です。そのため……

・当社の新商品を売りたい！
・当社のサービスを使ってほしい！
・当社のイメージをアップさせたい！
・当社のことを世界中の人たちに知らしめたい！

といった、伝えたい思いが必ずあります。

思いが強いのはいいことですが、あまりストレートに伝えすぎると押しつけがましくなり、お客様は引いたり、目を背けたりしてしまいます。また、ただ面白い、インパクトがあるだけでも、その場は見られてもすぐ忘れられてしまいます。

サービスや商品を使うシチュエーションの中で人物が変化する、ドラマという形で伝えれば、企業メッ

セージが届くのです。

「そのためにも、シナリオなんですね」

「そうです。感情を喚起する動画は感覚的に作られているようでいて、実はとても計算ずく。そして、そんなドラマを作るための設計図となる**シナリオには、観る側の感情を次第に盛り上げるための、『構成』の技術があるんですよ**」

「『構成』の技術！　ぜひ、教えてください」

2 ドラマを作るための「構成」

ここからは、「**シナリオ技術**」**のいいとこ取り**で、4つのタイプに沿ってドラマチックな動画を作るための構成の立て方を紹介します。実践形式で取り組んでいきますよ。

ドラマの設計図となる**シナリオには、形があります。これを『構成』といいます。**構成の図を頭に叩き込んでしまえば、誰でもドラマチックな動画を作ることができるようになります。

先ほど、「現状を変えたい人が、その夢を阻む障害（対立や葛藤*）を乗り越えることで、最後には変化・成長する」のがドラマであると言いました。図で表すとこうなります。

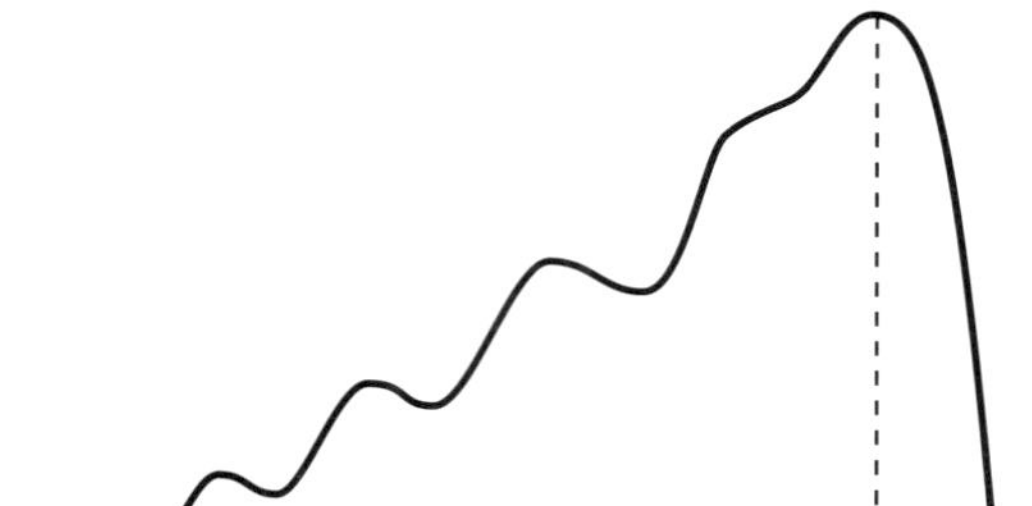

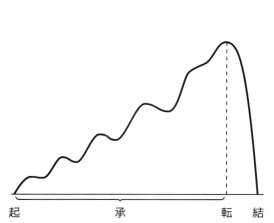

構成は**「起承転結*」**で考えます。そして、起承転結それぞれには、機能があります。この機能を押さえておきましょう。

「転」でテーマを伝える

「起承転結」の起から考えると思いがちですが、まず初めに考えるべきは、この動画で何を伝えたいのかです。テーマといいます。一番重要な部分です。**テーマを伝えるのが「転」の機能です。**つまりすべての動画は「転」に向かって進んでいくのです。

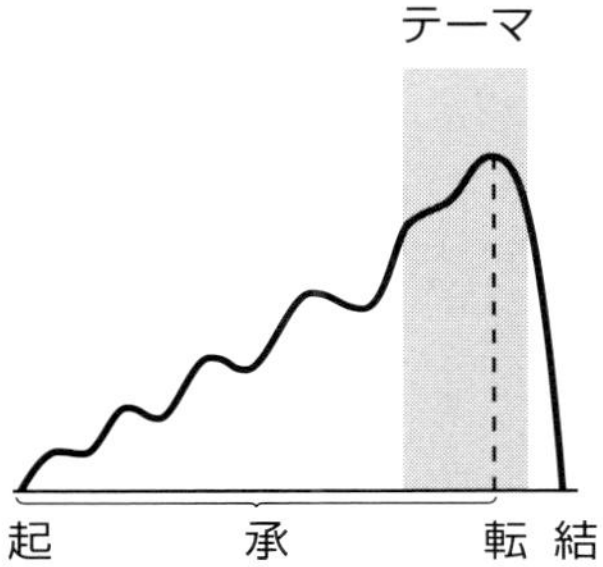

「結」で伝えたいことが定着する

「転」で伝えたテーマを定着させ、**余韻*を残すのが「結」の機能です。**

恋愛ドラマであれば、二人が素直になって結ばれてキスをするシーンが「転」のクライマックスだとします。その二人の姿をカメラが回り込んで撮影したり、アップからロングへとどんどん引いて撮影したりするシーンが「結」です。余韻が感じられますよね。

お客様にテーマが定着し、余韻を感じる部分が「結」です。

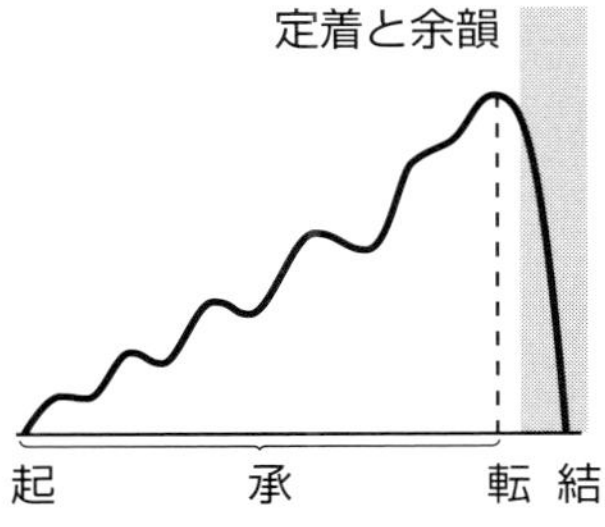

「起」はドラマの世界の紹介

ドラマが始まるのが「起」です。「起」では、ドラマが起きる世界を紹介します。その時、**「天地人*」**で整理すると考えやすくなります。

天：時代
地：場所
人：登場人物

さらに、テーマに対する**アンチテーゼ**を考えます。アンチテーゼとは、反対という意味です。アンチエイジングという言葉でもお馴染です。テーマで伝えたいことの正反対のことを、「起」で出してしまうわけです。

「暗い」のアンチテーゼは、「明るい」
「必要」のアンチテーゼは、「不要」
「仲間」のアンチテーゼは、「独りぼっち」

テーマに対して反対であるアンチテーゼを考えることで、変化を生むことができます。このあと具体的に考えていきますので、「起」は「天地人」と「アンチテーゼ」と頭に入れてください。

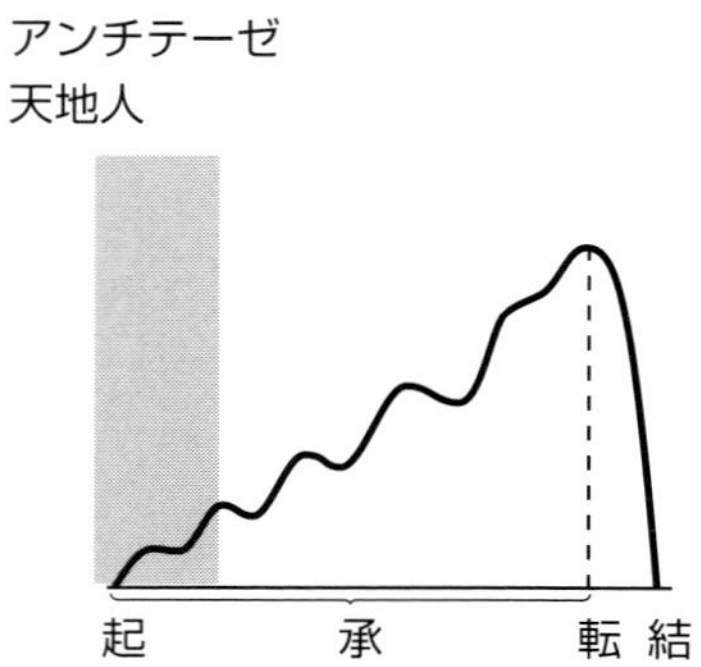

「承」で障害を乗り越える

ドラマを盛り上げるのが、「承」の機能です。「承」が面白いとお客様はハラハラ・ドキドキして、思わず動画を観てしまいます。このハラハラ・ドキドキは「対立・葛藤*」によって生まれます。このあと詳しくみていきます。

「転」でテーマを伝えるために、「承」でどんな障害を乗り越えたら、「起」のアンチテーゼから変化を起こすことができるかを考えます。

　動画の再生時間を調整する場合、「承」で調整するのが一番簡単なやり方です。ちょっと、動画の時間が長すぎるなと思ったら、「承」を見直してください。

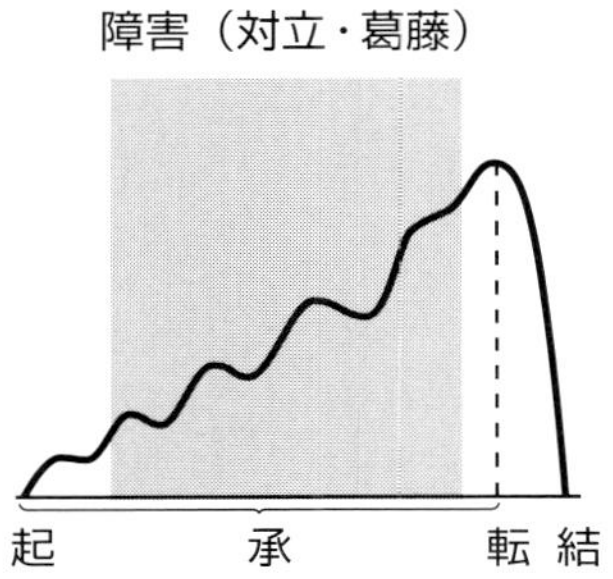

「普段観ているテレビドラマや映画は、基本的にこの道筋を描くものが多いんです。

　CMもこのエンターテインメントの基本構造を元に、15秒や30秒に凝縮されて作られています」

「計算されてるんですね〜」

「まずはこの図を頭の中に叩き込んでください。難しそうですか？」

「いや、慣れたら大丈夫だと思います。それよりも、『起承転結』に機能があるなんて知らなかったです。感心しました」

「感心しててもダメですよ！」

「もちろんです！『構成』で考えるべきことが整理できたので、早く作りたくてウズウズしてるんです！」

「では、シナリオ制作に取り掛かりましょう！」

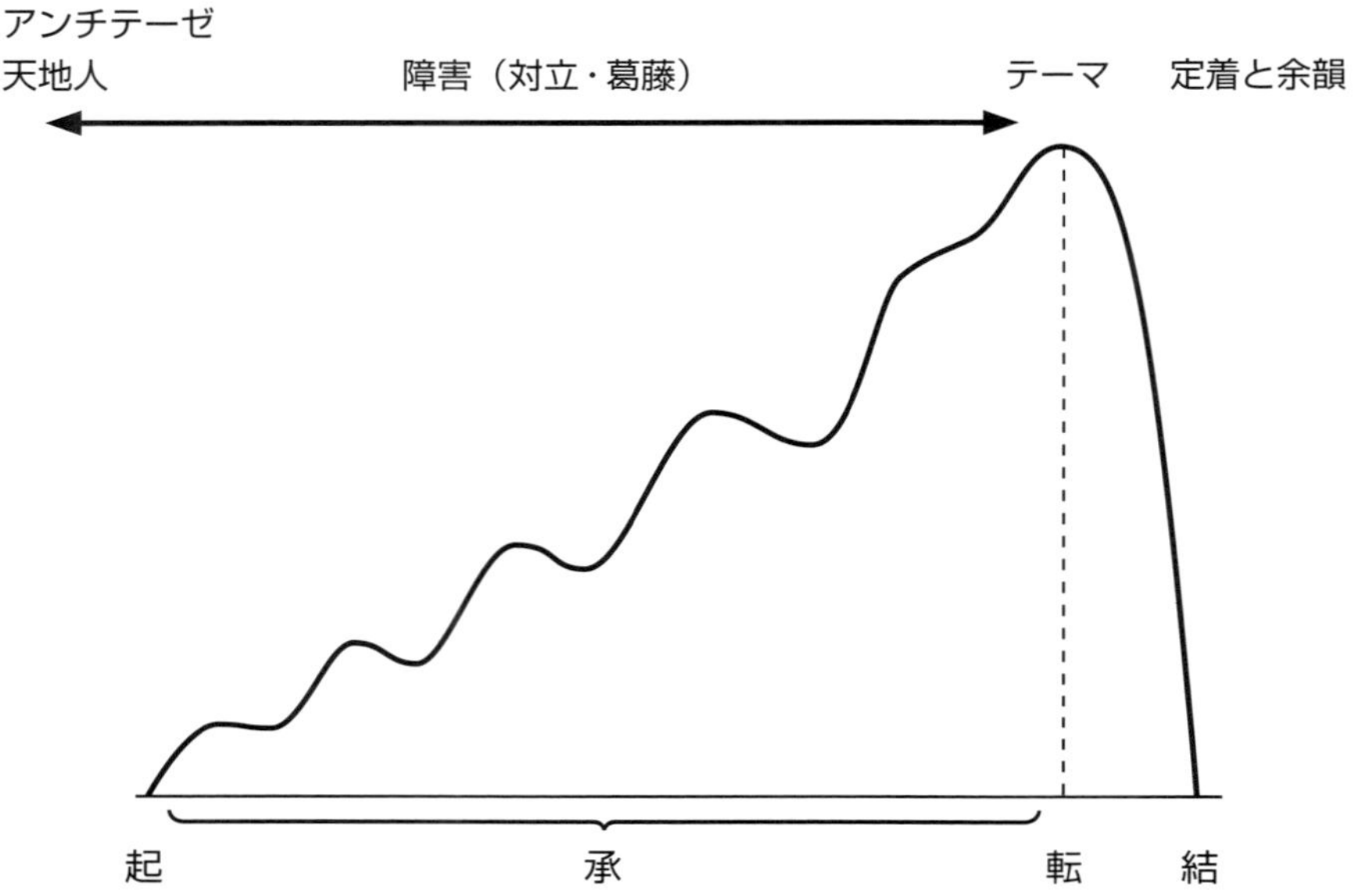

3 4つのタイプごとに「構成」を作る

ここからは、第1章で見た動画の4つのタイプそれぞれについて「構成」を考えていきます。

まずは、作りたい動画が、4つのタイプのどれにあたるのかを考えてください。

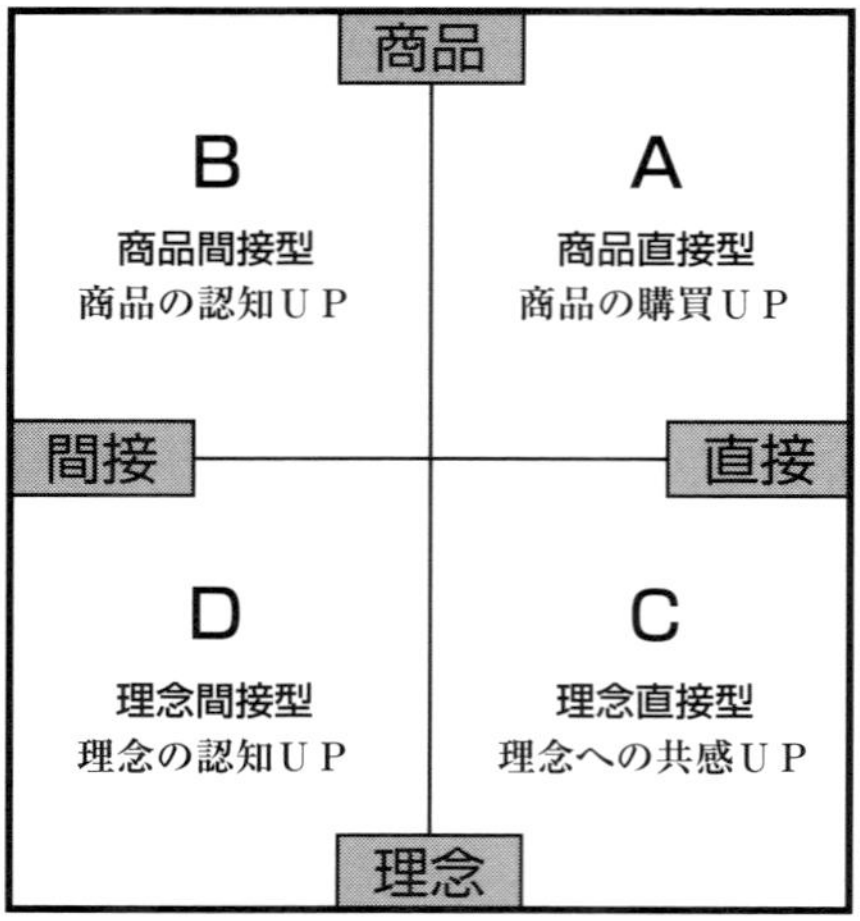

「スギヤマさんは、作りたい動画が具体的に決まってましたよね。再度、整理してみましょう。

①手帳のＰＲ（購買ＵＰ）→A
②シリーズの告知（認知ＵＰ）→B
③欲しい人材の説明（共感ＵＰ）→C
④会社の方向性のＰＲ（認知ＵＰ）→D

ということになります。

「はい。こう見ると、うちが特殊ってわけではないんですね。どの企業でも当てはまる気がします」

ＰＲ動画の４タイプはどの企業の、どの広報にも当てはまります。
さっそく、各タイプの構成のポイントを押さえて、「伝わる動画」を作っていきましょう。

ポイントの整理

- 変化をつけてドラマチックにする
- 「転」のテーマから考える
- 「結」でテーマを定着させる
- 「起」でアンチテーゼと天地人*を考える
- 「承」で障害を乗り越える

第2章の1

A【商品直接型】動画の作り方

変化を描いて「伝わる動画」に！

「あの……まずは売上UPしたいんですけど、そんな動画は作れますか？」

「どこの企業でも一番の課題ですよね」

「はい」

「それは商品直接型で作れますよ」

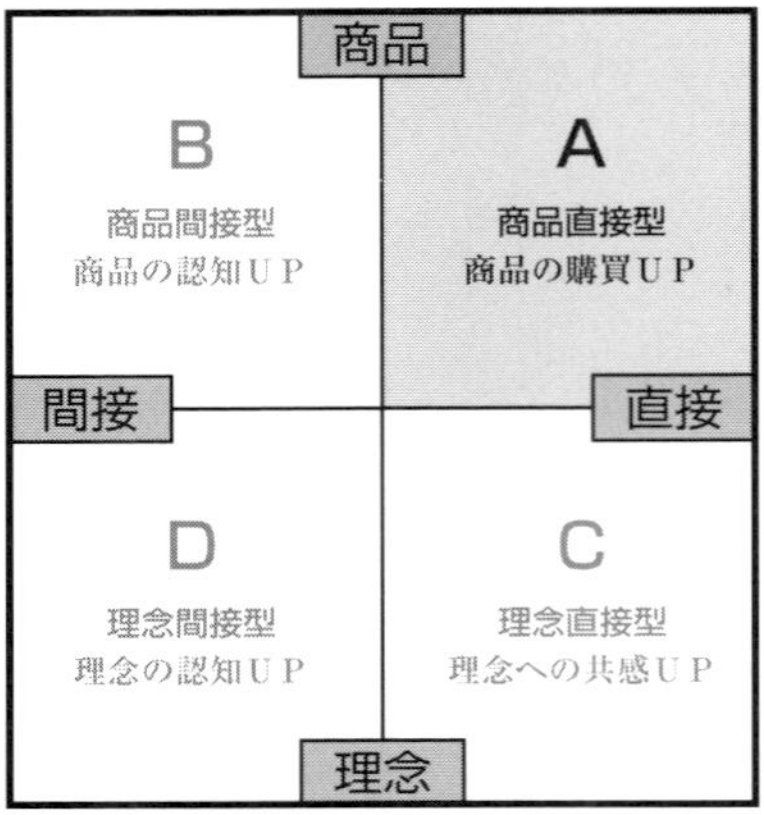

図　A　商品直接型

手帳のPR（具体的な商品のPRシナリオの難易度　★★☆☆☆）

商品直接型は、商品やサービスの購入をお客様に促すときに効果的です。私たちが一番多く目にするビジネス動画の型です。形がある商品や、急いで使う必要があるサービス（水道トラブルや家電の修理など）に向いています。

商品直接型がよく使われる商品・サービス

・洋服
・化粧品
・医療品
・家電
・DIY用品

- **美容雑貨**
- **健康器具**
- **文房具**
- **引っ越し**
- **水道トラブル**
- **法律相談**

などなど。

ポイントは、商品やサービスを使うことで、どんな変化が起きるのかをわかりやすく「転」で伝えることです。商品やサービスの一番の魅力をはっきりと伝えましょう。

さらに、「結」で

「ご注文はコチラ！」
「学生さんは3年間お得」
「今なら全店30％割引！」
「お客様の97％が大満足」

というストレートな呼びかけが入っても違和感がないのも、この型の特徴です。

数字や商品そのものを使うので、みなさんもご存じのテレビショッピングを短く凝縮したものをイメージしてみてください。

よくあるパターンのCM

◎洗剤

ギトギトの油汚れの食器
↓
とある製品で軽く一拭き
↓
汚れがピカピカに！

◎風邪薬

咳き込むビジネスパーソン
↓
○○成分配合の風邪薬
↓
元気にプレゼンをする姿

◎**肌着**
雪の中で楽器を演奏する人々
↓
首元からチラリと見える高機能な肌着
↓
今週末は20％ＯＦＦの文字

◎**白髪染**
いつも若々しい女性
↓
泡で染まる白髪染
↓
髪をかき上げながら笑う女性たち

◎**家電量販店**
あれもこれも欲しいと思っている男性
↓
家電量販店のセールのお知らせ
↓
店員がハッピ姿で「他店よりも1円でも高ければ割引します！」と宣言

◎**24時間対応水道トラブル対応**
深夜にトイレの水漏れ
↓
慌てて電話をする女性
↓
作業着姿の男性が「24時間３６５日笑顔で対応します」と笑顔で言う

向いている使いかた

・ターゲット

商品直接型のターゲットは、今、もしくは近い将来に商品やサービスを必要とする人。

・媒体

媒体は、ＥＣサイト、自社のサイトなどで有効です。

動画を見たらすぐに購入！という流れになるものが一

番です。

・自社サイト
　トップページ
　商品紹介ページ
・ECサイト
・公式SNS
・店頭ビジョン
・YouTube公式チャンネル

SNS広告の場合、必要性を感じていないお客様には敬遠されます。ターゲットをセグメントするなど、SNSでの使い方には注意が必要になります。

社内広報で使う場合は、新商品が開発された際に、商品機能や使用例などを、営業担当者などと共有するときに有効です。

構成のポイント

「商品直接型の構成ポイントは、まさに変化を作って、ターゲットを惹きつけるってことなんですね」

「そうです。変化をつくるための構成ポイント……『起』と『転』です」

「ふむふむ……。ドラマのファーストシーンとクライマックスの辺りですね」

「そうなんです！」

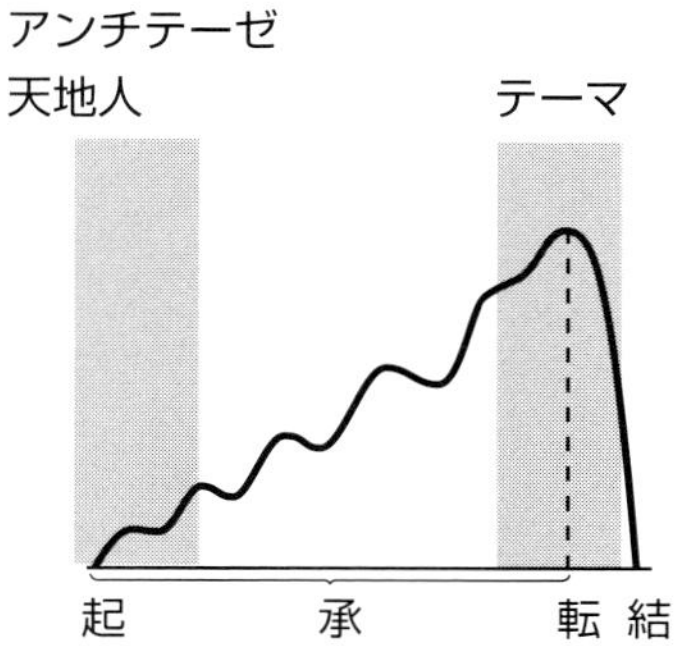

・「転」で変化を明確に伝える

商品直接型で使うシナリオのテクニックは「起」と「転」です。この型の最大の特徴は、**商品やサービスによって起こる変化**です。

「転」では、どんな変化が起こるかをお客様に伝えます。

「始めは○○だったものが、○○を使ったらこんなに変わった！」というような、『起』からの大きな変化・解決を作ります。

変化が大きければ大きいほど、ユーザーは感動し、感情が揺れます。

・「結」お客様の背中を押す

「転」でテーマが伝わり、お客様が「なるほど！」「すごいな！」と思ったところで、テーマを定着させたり、余韻を持たせたりする「結」を入れることもできます。

「97％のお客様が満足してくれた」
「即日対応」
「いますぐお電話を」
「お気軽にご相談ください」
「初回30％オフ」

など、強みになる部分、ユーザーにとっての利点になる部分をいれることで、さらに購買に繋げることもできます。

「転」「結」で、伝えたいポイントは出し惜しみせず、しっかり、伝えてみてください。

・「起」でアンチテーゼと天地人*を定める！

「転」で伝えるテーマがはっきりしたら、「起」で考えるべきことは、大きく二つです。

一つ目は、**「転」のテーマに対するアンチテーゼを考えること**です。「転」で伝えたいことが、「○○を使うと便利」であれば、その反対を考えます。テーマに対してアンチテーゼがはっきりと作れると、大きな変化を生み出せるようになります。

テーマ「○○を使うと便利」
↓
アンチテーゼ「○○がないことで不便」

テーマ「○○でこんなふうになれる」
↓
アンチテーゼ「ホントは、こうなりたい」

二つ目は、天地人をハッキリと伝えることです。動画の始まりで「いつ／どこで／誰が」ということがわからないと、お客様を動画の世界に引き込むことができません。

そのため、

「〇〇がないことで不便」

「ホントは、こうなりたい」


と思っている登場人物の状況を具体的に考えてください。お客様が「こういうのって困るよね」「わかるなぁ～」と思わせる場面を設定できると、お客様は共感して解決策まで知りたくなります。

ターゲットとなるお客様が、この商品やサービスを、どんな状況なら使いたくなるのか？を、考えてください。

商品直接型の動画を観るか観ないかの決め手は、「起」です！

1 4つのステップで作ってみよう！

「よし！　確かに作りやすそうな気がしますね」

「そうです。形があるものを表現するので、一番作りやすいハズです」

「よ～し、売り上げアップを目指すぞ～！」

「一つ一つ、制作ステップを踏んでいきましょう！　まずは、**シナリオ制作・前**です」

「えっと、目的・ターゲット・媒体を決めるんですよね」

(1) 目的をはっきりさせる

まず商品直接型の動画を作る目的を整理しましょう。

「スギヤマさん、この動画を作る目的はなんでしたっけ？」

「ズバリ！　定番の手帳の売り上げアップのための動

画です」

「いいですね。シート（56頁）を用意したので記入していきましょう」

スギヤマさんの例
【目的】
定番の手帳の購買力UPのための動画

(2) ターゲットは誰か

この動画を誰に見てもらいたいのかを考えます。どんなお客様が商品を必要としているかを考えましょう。

「では次に、ターゲットを決めましょう」

「えっと、直接型だから……新しい手帳をそろそろ購入したいと思っている人」

「もう少し具体的にすると？」

「え〜と『仕事ができなくて困っている、入社3年目の社会人』……でしょうか」

スギヤマさんの例
【ターゲット】
仕事ができなくて困っている、入社3年目の社会人

(3) 媒体は何か

最後に媒体です。このターゲットに、この目的を達成するのにふさわしい媒体を考えましょう。

スギヤマさんの例
【媒体】
・自社サイト
・ECサイト
・YouTube公式チャンネル
・公式SNS

「こんな感じでしょうか」

「素晴らしいです！　シナリオ制作前に整理したことを、まとめておきましょう」

目的・ターゲット・媒体が整理されたら、いよいよ

シナリオ制作のステップです。まずは一番大切なテーマを考えます。

(4)テーマを考える

「では、最初のテーマの部分からいってみましょう！」

「はい！」

「まずは『定番の手帳の売り上げアップのための動画を、仕事ができなくて困っている、入社3年目の社会人に、公式サイトかECサイトで見てもらう』には、どんなテーマがふさわしいでしょうか」

「そうですね……単純に『使いやすい手帳です』とか？」

「全然だめです」

「！？」


テーマはとても重要です。テーマが明確に定まっていないと「伝わる動画」を作ることはできません。

テーマを作るときの**ポイントは、二つ**あります。

一つ目は、**具体的に**することです。使いやすいなら、どう使いやすいのか、もしくはどうして使いやすいのか、具体的にする必要があります。

二つ目は、**一つに絞る**ことです。伝えたいことを考えていくと、おそらくいろいろなことがでてきます。しかし、だからといってあれもこれもと入れてしまうと、何が言いたい動画なのかわからなくなってしまいます。**「特に」何をいいと思ってもらいたいのか**を整理してください。

「は、はい。伝えたいのは、
・スケジュールが確認しやすい
・書き心地もなめらか
・TODO管理もしやすい
とかなんですが……」

「『特に』で考えると？」

「具体的に一つに絞る……なら、『スケジュールが確認しやすい』にします」

シナリオを書く準備ができてしまう４つのステップ書き込みシート

Ａ　商品直接型

		記入欄	スギヤマさんの例
動画の骨子	目的	（購買力ＵＰのための動画）	定番の手帳の購買力 UP のための動画
	ターゲット	（困っているｏｒ期待している人）	仕事ができなくて困っている、入社３年目の社会人
	媒体		・自社サイト ・EC サイト ・YouTube 公式チャンネル ・公式ＳＮＳ
	テーマ	（特にいいと思ってもらえる動画）	スケジュールが確認しやすいのが特長のわが社の商品を特にいいと思ってもらえる動画

スギヤマさんの例

【テーマ】

スケジュールが確認しやすいのが特長のわが社の商品を特にいいと思ってもらえる動画

まとめ【動画の骨子】

以上をまとめると――、

「定番の手帳の売り上げアップのための動画を、

スケジュール管理が上手く出来なくて困っている、入社３年目の社会人に、

公式サイトかＥＣサイトで、

スケジュールが確認しやすいのが特長のわが社の商品を特にいいと思ってもらえる動画」

ということになります。

これを構成図にすると左のようになります。記入できる書き込みシートは上にあります。

「さぁスギヤマさんも、上のシートを埋めるイメージでシナリオを考えてみましょうか！」

「ウチの手帳を使うことで、スケジュール管理がバッチリうまくいくこと、ひいては仕事の効率が上がる！っていうのを伝えたいです」

「そうですよね。じゃあ、主人公の仕事ぶりが、手帳を使うことによって飛躍的に良くなるような場面がわかる映像にしましょう！」

「あっ！　あの……、既に手帳を使ってる人でも、もっといい機能を持った手帳が欲しいって考えてる人もいるんじゃないでしょうか？　困ってないけど、期待はしてる……みたいな」

「なるほど。まずは困っているターゲット、次に期待しているターゲットに向けた動画を考えてみましょう」

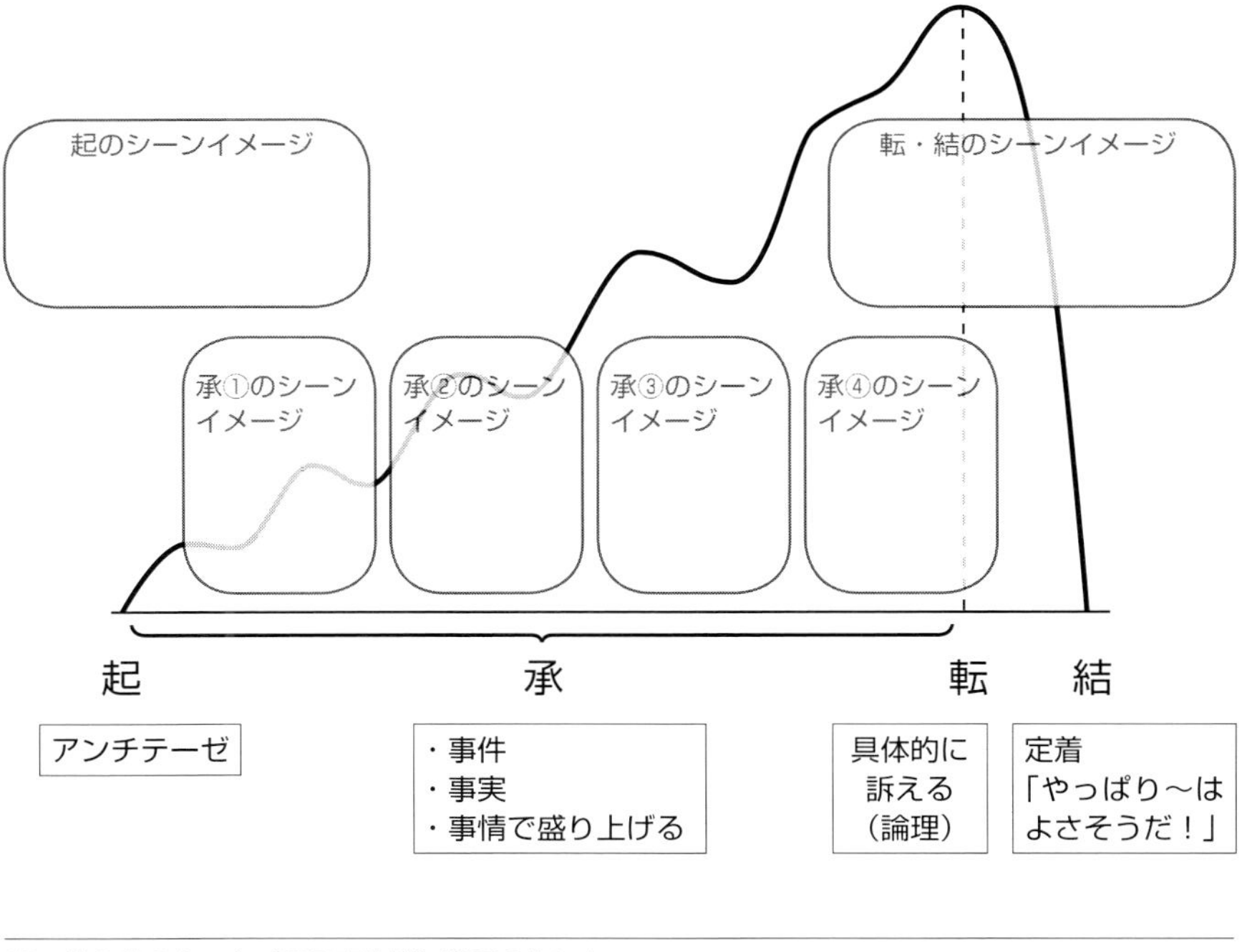

2 スギヤマさんのシナリオ！【商品直接型】（1）問題解決バージョン

シナリオの構成を組立てよう

【起】主人公の不満を探そう！

「それでは、早速、シナリオの『起』を考えてみましょうか」

「はい！」

「まずは、天地人、*どうしますか？」

「普段使いのものなので、現代でオフィスシーン、使うのはビジネスパーソンだからスーツ姿の男性、社会人経験は3年目」

「主人公が困ったり、不満に思っているようなことは？」

「**アンチ**ですね！　これはカンタンです。ウチの手帳とは逆の性能だから、スケジュール管理がしにくい手帳、から始めて、スケジュール管理がしやすい手帳！で終わります」

「バッチリですね！」

「はい。この型は、一番作りやすいっていうことなので、全体的にわかりやすく、オフィスでのあるあるシーンを使って作ってみます！」

「じゃあ、ファーストシーンのイメージはありますか？」

「オフィス内でミスをしている主人公、ここでは、いかにもできない人物っていうことが伝わればいいかなと」

【承】困ったエピソードで盛り上げよう！

「では、スギヤマさん。このシナリオ構成図の『承』に入れる、具体的な不満に繋がるエピソードはありますか？」

「具体的にオフィス内の行動で考えると……

・予定と目標が別管理できない

・過去の行動も振り返りにくい

・複数のタスクも書き込みにくい

だから、全く仕事ができずに、先輩に叱られて……

に繋げる感じでしょうか」

商品直接型の「承」では誰にでもあてはまるようなエピソードを使うことがポイントです。

【転・結】変化の結果はどうなる？

「クライマックスで、主人公を叱った先輩がスッと手帳を出して、彼に見せてあげる、っていう場面を入れて、『こんな機能を持った、スゴイ手帳があるんだよ！』ってことを伝えようかと」

「なるほど。そしてそれを使った主人公は、ラストにどんなふうに変わっているかイメージできますか？」

「ミス連発！ の主人公が、手帳を変えたことでスケジュール管理が上手くできるようになって、叱られた先輩にも褒められる！ っていう感じでしょうか」

「わかりやすくていいですね」

「ラストは主人公にカメラ目線で『手帳は○○！ 今なら20%オフ！』って主人公に言わせます！ しかもテロップも入れちゃいます！」

「いいですね。この部分がバシッ！ とキマっているとすぐに買いに行きたくなりますからね」

「ありがとうございます！ 僕も、なんだかシナリオの輪郭が見えてきました！」

「転」では「起」からの変化がポイントになります。**「結」ではテーマを定着させる決めセリフ**があると、買いたい気持ちにさせることができます。

では、シナリオと絵コンテ（作り方は144～145頁参照）を作って実践してみましょう。

シナリオ

○㈱Aソフト社・オフィス・中

田中正（23）、ぐちゃぐちゃに書き殴られた手帳を見ながら頭をかきむしっている。

田中「うわぁ～、俺、先週電話でアポ取ったのってB社？ C社？ どっちだっけ？」

パソコンの前には真っ白な報告書。

電話が鳴り、田中が取る。

田中「えっ？ あの……D社さんは明日の新商品の説

明はキャンセルされた記憶が……。あの……、明日は既に他社さまの、いえ、その忘れたというか……あの、もう手帳に書くスペースが……」

肩を落として電話を置く田中。

○同・会議室・中
佐藤一郎(29)、田中と向き合って座っている。

田中「本当に申し訳ないです」

田中、うなだれる。

佐藤「頼まれたことも忘れるなんて、スケジュール管理、甘いんじゃないのか?」

一冊の手帳を田中の前に置く。

田中「見ても……、いいんですか?」

佐藤、頷く。田中、恐る恐る手帳を開く。

理路整然と書きこまれたスケジュール。

目を見開く田中。

田中、一週間のスケジュールが書きこまれたページに顔を近づけ、指でなぞったり、ページを見比べながら大きな声で、
田中「上下に別れたページで先週と今週の予定も見比べやすい! 複数タスクまで管理できるような広々とした記入欄! 予定も目標も書き分けられて、すごく使いやすそうだ!」

その様子を見て、頷く佐藤。

○㈱Aソフト社・オフィス・中
田中、テキパキとした身のこなしで電話を取る。

田中「ハイ。ハイ。来週であれば14時でしたらこちらから伺えます。ハイ、そうですね。先週のテストプログラムの結果もお渡しします。ありがとうございます」

電話で話しながら手帳にメモを書きこみ、受話器を置く。

佐藤がやってくる。すれ違いざまに田中の肩を叩き、
佐藤「やるな、田中」

田中、嬉しそうに笑う。

田中、視聴者に向かって余裕の表情でキリッとした顔で手帳を持って
田中「手帳は○○。今なら20%オフ!」

T・手帳は○○。今なら20％オフ！

絵コンテのイメージ

①オフィスで懸命に仕事をする田中、先週の行動が思い出せず資料を作る手が止まっている。
②電話がかかってくる。そこでダブルブッキングが発覚。
③先輩に報告すると頼まれていた別の資料が出来ていないことがわかり、怒られる。
④落ち込む田中に一冊の手帳を見せる佐藤。
⑤充実した機能が満載の手帳を見て、驚きの声を上げる田中。
⑥数カ月後、テキパキした動作で電話を取りながら手帳にメモを書き込む田中。先輩が「やるな、田中」と言って肩を叩く。嬉しそうな田中。
⑦田中がカメラ目線で「手帳は○○、今なら20％割引！」という。テロップにも同じ文言が入る。
「ベタですけど、どうでしょう？」

「とてもわかりやすいですね！」

「よかった～。安心しました」

「では、問題解決バージョンができたところで、もうひとつの期待バージョンも作りましょう！」

「はい！　この場合なら、仕事ができる主人公で始めます」

「おぉ、自信たっぷりな主人公ですね～」

「どうせ2パターンあるならこれくらい違ってもいいのかなって」

「そうですね。では、映像のイメージは？」

「え～と、その主人公が仕事ができるから、モテる！で、同じオフィスのOLから『××さん、どうしてそんなに仕事ができるんですか？』『それはね……』で手帳が出てくる。なんていうのでもいいのかなって思います」

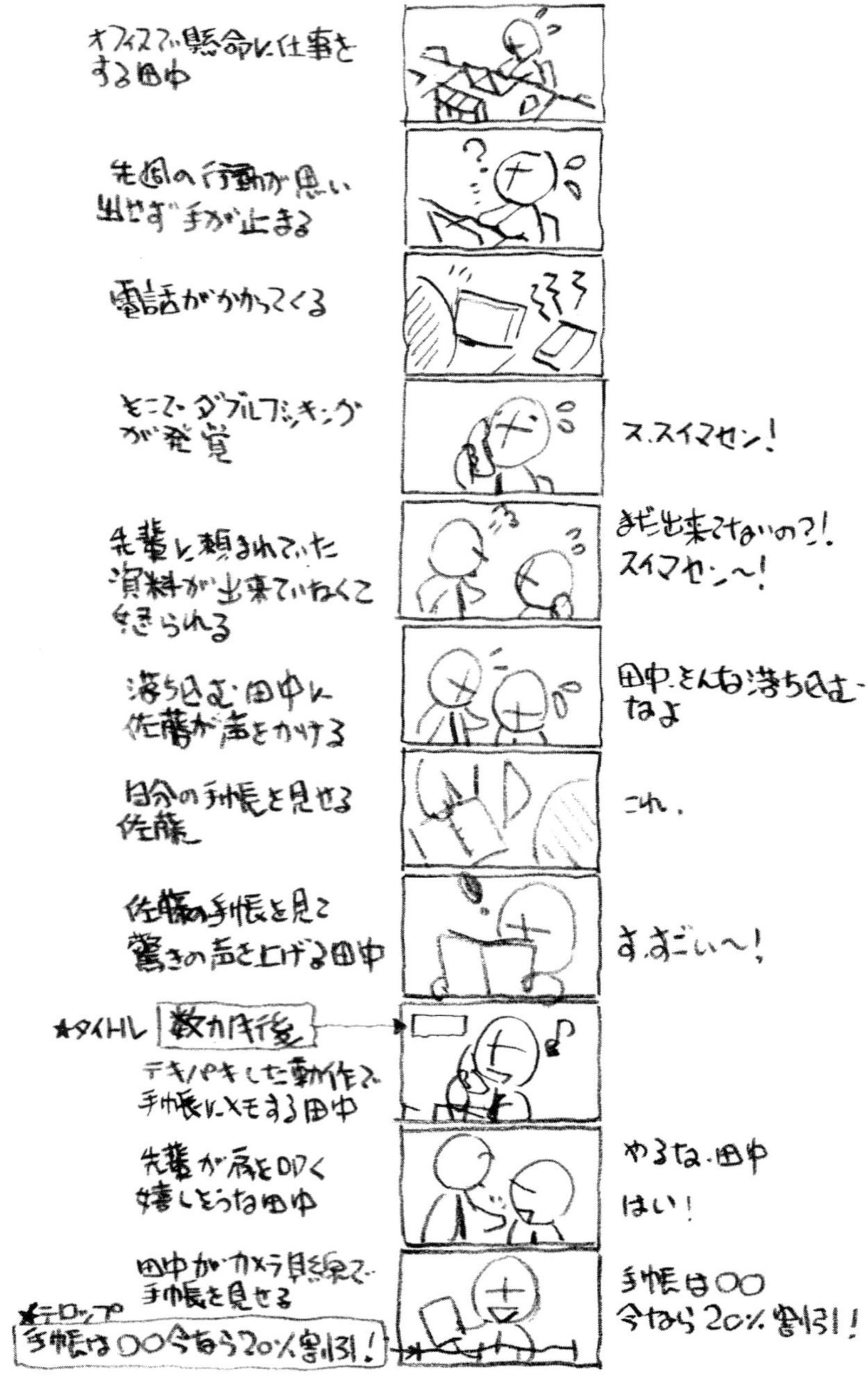
オフィスで懸命に仕事をする田中
先週の行動が思い出せず手が止まる
電話がかかってくる
そこでダブルブッキングが発覚
ス、スイマセン！
先輩に頼まれていた資料が出来ていなくて怒られる
まだ出来てないの?!
スイマセン〜！
落ち込む田中に佐藤が声をかける
田中、そんな落ち込むなよ
自分の手帳を見せる佐藤
これ。
佐藤の手帳を見て驚きの声を上げる田中
す、すごい〜！
★タイトル
数カ月後
テキパキした動作で手帳にメモする田中
先輩が肩を叩く
嬉しそうな田中
やるな、田中
はい！
田中がカメラ目線で手帳を見せる
★テロップ
手帳は○○今なら20％割引！
手帳は○○
今なら20％割引！

3 スギヤマさんのシナリオ！【商品直接型】（2）期待バージョン

【起】謎で見ている人を惹きつけよう！

「よ〜し。じゃあこのバージョンも、まずは天地人！*」

「どうしましょうか？」

「シチュエーションはオフィスでも、登場人物の立ち位置の違いははっきり見せようかと」

「そうですね。今回は『もっとこんなふうにならないかな？』っていう期待感に応えるので、違うアプローチがいいでしょうね」

「はい。次は理想的な人物で作ろうかと」

「具体的には？」

「社会人経験は6年ぐらいの主人公。仕事がやたらにできる。でも、彼はミステリアスな雰囲気を漂わせていて、なぜ仕事ができるのかまではわからない……こんなイメージです」

「なるほど。やたらに仕事ができる理由は知りたいし、続きが見たくなりますね」

【承】デキる彼のエピソードは？

「ここはサラッと、仕事をサクサクこなしまくっている主人公と、それを周りからも認められている様子が見えればいいかなって」

「どんなシチュエーションがいいでしょうか？」

「ベタですが……女性にキャーキャー言われてる主人公、とか？」

「上司にホメられる、でもいいかも知れませんね。どちらにしろ、周囲から高い評価を受けているというのが伝わればいいので、ここはスギヤマさんにお任せしますね」

【転・結】謎をスッキリ解決させよう！

「この主人公なら、彼の一番カッコイイ仕草というか、そんなふうに見える場面を入れてあげたいですね！」

「そうですね。どんなふうにしましょう？」

「『ボクの手帳には、ヒミツがあるんだ』みたいな感じでしょうか。それで手帳がスッと登場して……」

「この主人公の場合は、手帳の便利さについて自分で言わないほうがカッコいいかもしれませんね〜」

「おぉ！　確かにそうですね。周りが『この手帳って……』って気がつくほうが説得力がありますね！」

「それが視聴者も『起』の部分で持っていた謎なので、そこを一緒にひもとく感じになりますね」

「そうですね。そして、資格試験に合格したことがわかるようにすれば変化もつけられますね！」

「最後にはまたナレーションを入れるとさらに印象づけられると思いますよ」

シナリオ

○㈱Aソフト社・オフィス・中
　木村隆（29）、ビジネススキル資格の本を机に置き、手帳に『試験日』と書き込む。

　女子社員Aが歩み寄り
女子社員A「木村さん、また資格取るんですか？　もう5つも取ってるのに、すご～い！」

　チラリと女子社員Aを見る木村。

木村「意外と取れるものだよ」
○同・廊下
　上司とすれ違う木村。
上司「例のプロジェクト、リーダーはお前ってことで先方に話はついている」
木村「ありがとうございます」
　上司が去ったあと、手帳に『Xプロジェクト・開始』と書き込む。
○同・カフェテラス
　コーヒーを飲み、リラックスしている木村。

　その様子を隣のテーブルにいる女子社員数名がチラチラ見つめている。
○同・木村の居るテーブル
　女子社員Bが木村に近づいてくる。

　顔を赤くしてモジモジしながら、
女子社員B「あの……木村さんて、どうしてそんなに仕事もできて、資格も取れるんですか？」

　ふっと笑う木村。

木村「ボクができるワケじゃないんだ。この手帳ができるだけなんだ」

胸ポケットから手帳を取り出す。

女子社員B「えっ？」

女子社員B、手帳をパラパラとめくり始める。

驚愕の表情へと変わり始める女子社員B。

女子社員B「ウソっ！　何この手帳！」

隣のテーブルから女子社員達が近寄ってくる。

手帳を広げる女子社員B。

女子社員B「上下に別れたページで先週と今週の予定も見比べられる！　複数タスクまで管理できるような広々とした記入欄！　予定も目標も書き分けられて、これなら何でもできそうな気がする！」

感嘆の声を上げる女子社員達。

木村「これがボクの秘密。内緒だよ」

手帳をポケットにしまう木村、颯爽と歩き去っていく。

○㈱Aソフト社・オフィス・中

木村、自分の手帳に『合格』の文字を書きこんで余裕の笑顔。

机の上には額に入ったビジネススキル資格の認定証が飾られている。

木村の携帯電話に着信。

手帳を胸ポケットにしまい、颯爽と部屋を出て行く。

T・手帳は○○、今なら20%割引！

N「手帳は○○、今なら20%割引！」

絵コンテのイメージ

①オフィスで木村隆（29）が資格試験のスケジュールを書き込んでいる。OLが「また取るんですか？」と話し掛ける。

②廊下で上司からも期待の声を掛けられる木村。新しい予定を手帳にすぐに書きこむ。

③休憩時、隣のテーブルから注目を浴びる木村。OLの一人が顔を赤くしながら木村に話し掛けてくる。

④木村、胸ポケットから手帳を取り出しテーブルへ広げると、予定や目標がしっかり管理された手帳に見入るOLたち。感嘆の声を上げる。手帳を持って

去っていく木村。
⑤数カ月後、満足そうな表情で手帳に『合格』と書き込む木村。机の上には額に入ったビジネススキル資格の認定証が飾られている。電話がかかって来て、颯爽と部屋を出て行く木村。
⑥ナレーションとテロップで「手帳は○○、今なら20％割引！」

商品直接型は、変化が出るとわかりやすい動画になります。

同じテーマでも切り口を変えると、いろんなバリエーションができるので、みなさんも挑戦してみてください。

「なんだか色々やれそうな気がしてきました！　よ～し、次も頑張るぞ！」

A商品直接型のポイントの整理

- 「あるある」と感じさせる
- アンチテーゼを作る
- お客様が変化を感じる動画にする
- 伝えたいメッセージははっきりと伝える
- 購入に繋がりやすい余韻を作る

第2章の2

B【商品間接型】動画の作り方

小道具を使って商品に興味を持ってもらう

「スギヤマさん、だいぶコツをつかみましたね」

「はい！　ありがとうございます！」

「**目的やターゲット、そしてテーマが変わっても、考えるべき構成のポイントは変わりませんからね**」

「よし！　次にいきましょうよ!!」

「スギヤマさん、次はシリーズの告知でしたよね？」

「そうです。今回女性向けの手帳を開発しました。当社の手帳は男性っぽいと思っている女性に知ってもらいたいんです」

「ならば、商品間接型でPRしてみましょうか」

シリーズの告知（ブランドのPR）

PRシナリオの難易度　★★★☆☆

商品間接型は、長期間での認知拡大、ファンの獲得をしたいときに有効です。商品やサービスの購入よりも、**ファンを増やしたい場合**に向いています。

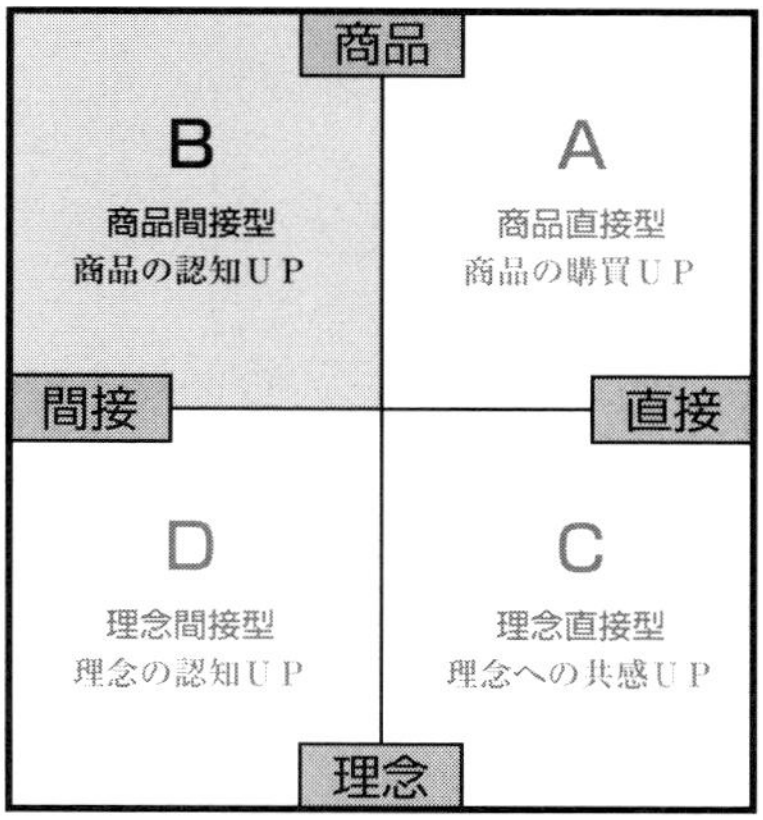

図　B　商品間接型

商品間接型がよく使われる商品・サービス

- **旅行**
- **レストラン**
- **結婚式場**
- **結婚相談所**
- **ビデオカメラ**
- **デジタルカメラ**
- **洋服**
- **飲料水**
- **アルコール飲料**
- **スキー場**
- **温泉施設**
- **レジャー施設**
- **住宅**　などなど。

季節もののイベントでセット買いする商品やサービス（例えば、入学式に合わせてビデオカメラを購入、卒業式前に記念の卒業旅行をする）なら、購入を検討するであろう時期の数カ月前からリリースし、イベント時期に、ふっとユーザーの頭の中に浮かんでくるような動画が理想的です。

ポイントは、頭ではなく気持ちに訴えることです。動画を観ているとき、見終わった後に、「美味しそうだなぁ」「行ってみたいなぁ」「○○の時には使いたいなぁ」と感じてもらえるような動画にする必要があります。**「承」で気持ちを盛り上げ、「結」でお客様に余韻を感じてもらいましょう。**

商品の具体的な特徴や数字などを使いません。作り手側も表現方法を少し工夫する必要があります。

よくあるパターンのＣＭ

◎「この場所に来ると10年経っても楽しい体験ができる」という余韻を残す観光地のＰＲ

国内の観光地でさまざまなアクティビティを楽しむ若い女性たち

↓

ナレーションで「５年後も、10年後も来たくなる○○」と言う

◎「一日のご褒美に飲むと疲れが取れる」という余韻を残す水割りのＰＲ

疲れた顔でカウンターに座るサラリーマン

←

バーで美女が水割りを作っている

←

「今日もお疲れ様」と笑顔で水割りを渡す

←

氷が良い音を立てて、商品名がテロップにでる

◎「家族の思い出づくりに最適なカメラ」という余韻を残すビデオカメラのＰＲ

おゆうぎ会で背伸びをしながら、カメラを回すお父さんの姿

←

運動会で走りながらカメラを回すお父さんの姿

←

家で子供の寝顔を見ながら、動画を編集しているお父さんの姿

←

「いい顔、撮れたな」と言ってカメラをケースにしまう

◎「こんな結婚ができそう」という余韻を残す結婚サービスのＰＲ

チャペルで白いタキシード姿の男性と腕を組んでいるドレス姿の女性の後ろ姿

←

両親がうれし涙を浮かべる

友人たちからライスシャワーを受けるふたりの姿

←

女性が振り返って幸せそうな表情で「運命の人に出会えました」

←

結婚するなら○○（サービス名）のテロップ

向いている使い方

・ターゲット

直近では商品やサービスの購入の必要を感じていないが、将来的に必要になるであろう潜在層。

もしくは、すでにファンになっていて、よりファンになってもらいたい顕在層。

・媒体

公式サイトはもちろん、SNS広告、広告業界ごとのポータルサイトなどにも向いています。商品間接型は、既存のお客様の口コミなどをきっかけに、新たなファンにアプローチすることを目指します。

・自社サイト

トップページ

商品紹介ページ

・SNS広告

・メインストリームの広告

・サイト内ディスプレイ広告

SNSの広告として活用すれば、すでにファンになっているお客様からの拡散によって、潜在層のお客様にも興味をもってもらうことが期待できます。SNSとの相性は非常に高い型です。

新商品や新サービスのコンセプトなどを、社内で周知する際にも使えます。営業の方が「うちの新しい商品です」と言ってPRする時にも使えます。

構成のポイント

「これはさっきの【商品直接型】よりイメージ動画っぽい表現ですね」

「商品を紹介するという目的は同じですが、表現方法が違います。構成のポイントを押さえていきましょう」

「ポイントはどこですか?」

「ズバリ『結』です!」

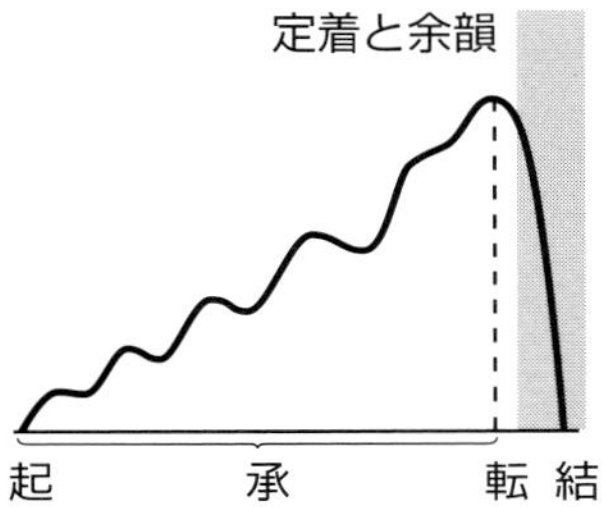

・「結」の余韻で画面をいっぱいに！

商品間接型の構成のポイントは「結」です。**「結」は「転」で伝えたテーマを定着させて、余韻を残して終わる部分です。**

動画を観たお客様にどんな気持ちになってもらいたいかを考え、その気持ちが強くなるような映像を「結」に入れるのが、なによりも重要になります。その商品（やサービス）の魅力を最大限に引き出した映像を見せるようにしてください。

セリフを使う際には注意が必要です。商品やサービスを直接的に紹介する**説明セリフ***ではなく、**感情セリフ***や**情緒セリフ***を使ってください。感情セリフや情緒セリフを意識すると商品間接型にふさわしいキャッチコピーが生まれます。

・「起」は強調しない。けれど「天地人」は、考える

商品間接型では、「起」のアンチテーゼを強調する必要はありません。それよりも**「天地人」***をターゲットの生活環境に近いところに設定するのがポイントです。

この型のターゲットは、商品に対して、元々高い興味を持っていない潜在層です。商品やサービスがあまりにも自分の興味や環境とかけ離れていると、お客様は自分のこととして捉えることができません。

お客様の興味を引き出すためには、**「共通性」***と**「憧れ性」***を登場人物に設定**してください。

「シナリオ技術」には、登場人物に人間らしい魅力をつける方法として「共通性」と「憧れ性」を考えるというものがあります。

例えば、若い女性をターゲットにしているリゾート地へのツアーなら、普段は残業ばかりで休みがとれない若い女性（**共通性**）が、素敵なリゾート地でくつろぐ（**憧れ性**）、というようなシチュエーションにすることで「私もあんなふうになりたい……」というような気持ちを呼び起こすことができます。

・「承」はターゲットの気持ちが高まるシーンを集める

「結」で余韻を残すためには、ターゲットの気持ちをどんどんと盛り上げていく「承」が必要になります。

ポイントは、二つあります。

一つ目は、**団子の串刺しにしない***ことです。同じような大きさの出来事を並べても気持ちは盛り上がりません。必ず、構成の図のように一つ目よりも二つ目、二つ目よりも三つ目の出来事のほうが大きくなくてはいけません。

二つ目は、直接的な表現は用いません。その代わり**シャレード***を使います。シャレードというのは、映像を使って間接に表現するという意味です。

例えば、人物像を映像で伝える場合。

例　女性

・ブランドで着飾っている→見栄っ張り

・ハンカチを折り目にあわせてたたむ→几帳面

例えば、人間関係を映像で伝える場合。

例　喫茶店でコーヒーを飲む男女

・「砂糖、いりますか？」→初対面

・無言で相手のカップに砂糖を入れる→深い関係

例えば、場所を映像で伝える場合。

例　ラーメン屋

・埃だらけのカウンター→人気がない

・お店の前に行列→流行っている

例えば、状況を映像で伝える場合。

例　会社内

・部下のプレゼンを腕組みして聞いている→内容に満足していない

・廊下で、目をあわせずすれ違う同期→敵対心

シャレードを意識することで「承」を映像の特性を活かして表現することができます。

1 ４つのステップで作ってみよう！

「ふぅ〜ちょっと難しくなった気はしますが、頑張ってみます」

「制作の手順とポイントを押さえれば大丈夫です。一緒にやっていきましょう！」

「よ〜し、女性ファンゲットだ！」

「まずは、目的・ターゲット・媒体を決めましょう」

(1) 目的をはっきりさせる

商品間接型の動画を作る目的を整理しましょう。

「スギヤマさん、この動画を作る目的はなんでしたっけ？」

「今回は、女性向けに開発した新商品の認知度アップのための動画です」

「いいですね。75頁のシートに、目的を記入してください」

スギヤマさんの例

【目的】

女性向け新商品の認知度ＵＰのための動画

(2) ターゲットは誰か

この動画を誰に見てもらいたいのかを考えます。どんな方なら、新しい商品に興味を持ってくれるかを考えましょう。

「では、ターゲットです。**今回は、ターゲットを『思い込んでいる人』にしましょう**。まだ必要性を感じていないという雰囲気がでますから」

「えっと、間接型だから、ウチの手帳を使ったことがない女性で……『わが社の手帳は男性ものの実用性重視の手帳だと思い込んでいる女性』でしょうか」

スギヤマさんの例

【ターゲット】

わが社の手帳は男性ものだけだと思い込んでいる女性（人）

(3)媒体は何か

そして媒体です。このターゲットに、この目的を達成するのにふさわしい媒体を考えましょう。

「媒体はどうしますか？」
「弊社にはそれほど興味がない女性ですからねぇ～男性のお客様からの口コミとかでしょうか」
スギヤマさんの例
【媒体】
・SNS広告
・自社サイト
「こんな感じでしょうか」

「素晴らしいです！　自社サイトも入れることで、既存のファンの方からの口コミも発生しそうですね。シナリオ制作前に整理したことを、まとめてみましょう」

(4)テーマを考える

目的・ターゲット・媒体が整理されましたね。いよいよシナリオ制作のステップです。まずは一番大切なテーマを考えます。


「では、最初のテーマの部分から行ってみましょう！」

「えっと『女性向け新商品の認知度アップのための動画を、弊社の手帳は男性ものだけだと思い込んでいる女性（人）に、SNS広告や自社サイトをきっかけに口コミしてもらう』には、どんなテーマがいいかを考えるわけですね」

「！」

「具体的に、一つに絞ると……」

「55ページで学んだことを活かせてますね」

シナリオを書く準備ができてしまう４つのステップ 書き込みシート

B　商品間接型

		記入欄	スギヤマさんの例
動画の骨子	**目的**	（認知度ＵＰのための動画）	女性向け新商品の認知度アップのための動画
	ターゲット	（思い込んでいる人）	わが社の手帳は男性のものだけだと思い込んでいる女性（人）
	媒体		・公式ＳＮＳ ・ＳＮＳ広告 ・自社サイト
	テーマ	（特にいいと思ってもらえる動画）	「女性が喜ぶデザイン性豊かなカバーをそろえた」わが社の商品を特にいいと思ってもらえる動画

スギヤマさんの例

【テーマ】

「女性が喜ぶデザイン性豊かなカバーをそろえた」わが社の商品を特にいいと思ってもらえる動画

まとめ【動画の骨子】

以上をまとめると――、

「女性向け新商品の認知度アップのための動画を、当社の手帳は男性ものだけだと思い込んでいる女性（人）に、SNS広告や自社サイトをきっかけに口コミで女性が喜ぶデザイン性豊かなカバーをそろえたところを特にいいと思ってもらえる動画」となります（構成図は次ページの上）。

「さぁスギヤマさん、シナリオを考えてみましょうか！」

「余韻が大切な型なので、『女性の人生の様々な場面は、手帳があることで豊かになる』っていうのを、一

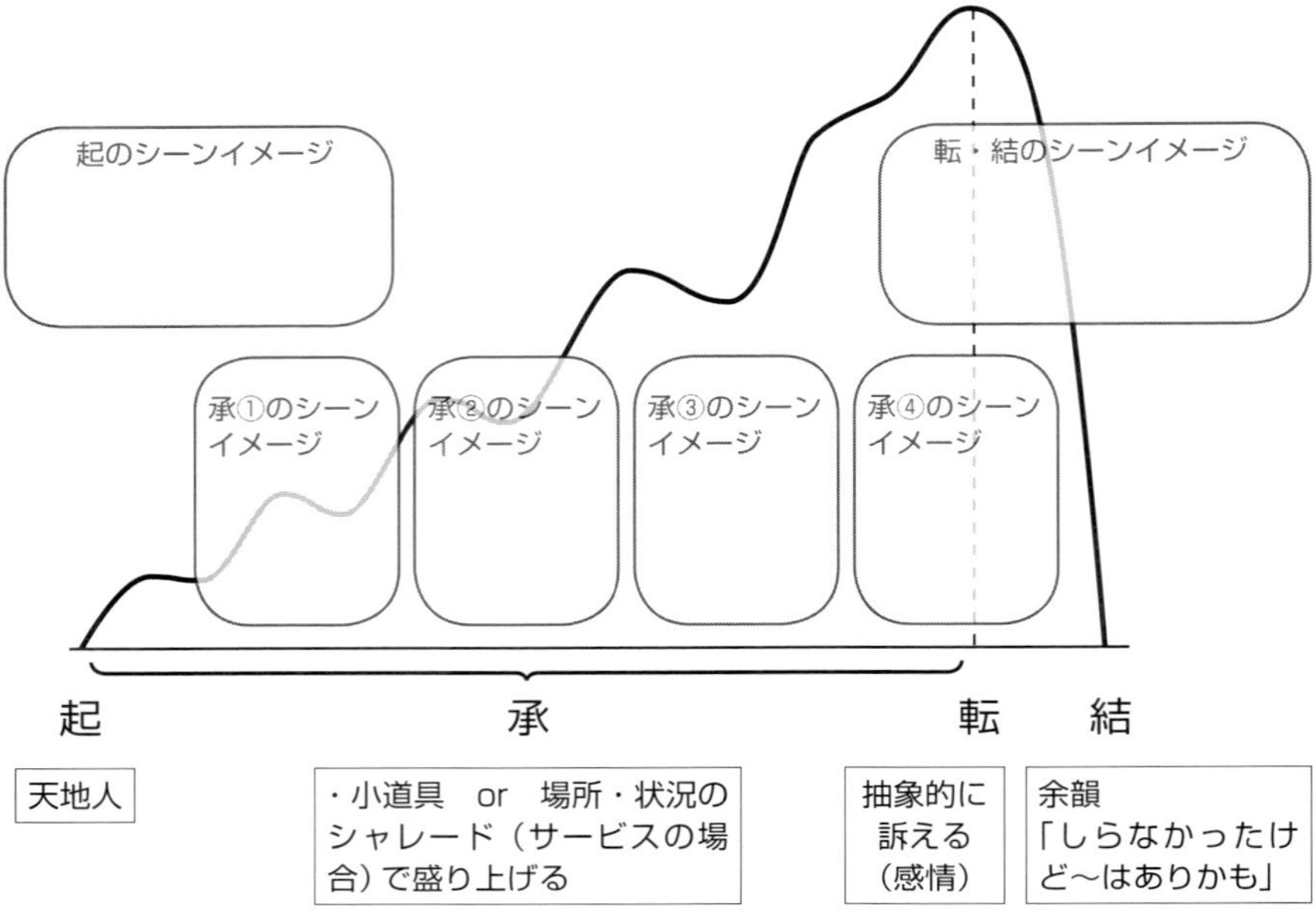

つはセリフなしの映像で感動的に見せようかと」

「面白そうですね」

「はい。で、もう一つは、セリフありでの余韻にチャレンジしてみます」

「それなら、セリフに期待しますよ！」

「あの、セリフありのクライマックスの映像が既に僕の中にあるんです。主人公に大好きな人がいて、その人に一言声を掛ける、っていうシーンにしたくて」

「あれ？　なんだか思い入れがありそうですね〜」

「実は、キャッチコピーが映像より先に思い浮かんでしまったんです。『一緒に歩こう。一緒に恋しよう』っていう」

「この手帳に合ってますね！」

「ありがとうございます！　で、このコピーと合いそうだと思ったんです。内気な女性が、手帳と一緒に成長する、みたいなのって」

「いいですね。ではまず、セリフなしバージョンから行きましょう」

2 スギヤマさんのシナリオ！【商品間接型】（1）セリフなしバージョン

シナリオの構成を組立てよう

【起】日常の場面には注目ポイントを！

「出だしは身近なもので設定しましょう」

「そうか……じゃあスタートは、学校の卒業式から始めて、それだけじゃつまらないから、卒業式に好きな人との連絡先の交換をするシーンを入れてみます」

【承】気持ちが高まるシーンを集めよう！

「セリフがないCMとかってたまにありますよね。私もこういうのに憧れていたからやってみたかったんです」

「シーンのみで次々に繋ぐってことですね。映像っぽくていいじゃないですか。シーンのイメージはありますか？」

「はい！女性のライフステージの区切りのイベントって気持ちも高まるじゃないですか。卒業・結婚・子供の誕生・子供の成人……を次々に見せる。そしてその所々に手帳を入れる……こんなイメージです」

「手帳が小道具として活きますね！」

商品間接型の「承」では、エピソードを「団子の串刺し」にしないようにしましょう。

さらに、商品を小道具として使うのがポイントです。

【転・結】手帳と未来を結び付けて……

「『転・結』はどんなイメージですか？」

「手帳が人生をさりげなくサポートするイメージにしたいですね」

「おぉ～いいですね」

「では、それぞれの表現を絵コンテとシナリオで考えましょう！」

「結」では、商品やサービスを通して「こんな体験ができたらいいなぁ」という余韻が、視聴者の中に残るようにしましょう。

シナリオ

○高校・教室・中（夕）
　黒板には「卒業おめでとう」の文字。

　加藤晴香（18）がピンク色に白の水玉模様の手帳を男子生徒へ渡している。男子生徒、自分のアドレスを書き込んでいる。

○加藤家・晴香の部屋（夜）
　晴香（27）、ベッドの上で水色の手帳に「結婚式」の文字を書きこむ。左手薬指に光る指輪を見て満足げな表情で寝ころぶ。

○（株）イー出版社・オフィス・中
　晴香（37）、席で赤い手帳を開いて見ている。手帳に挟まっているのは晴香と手をつなぐ5歳ぐらいの子ども。

○加藤家・リビング（夜）
　晴香（52）、茶色い革の手帳に書きこんでいるのは「愛美・成人式」の文字。

○同・玄関・外
　晴香、振り袖姿の20歳の娘、晴香と同じくらいの年の夫と一緒に記念撮影をしている。笑顔の家族たち。

○同・リビング・中
　玄関のガラスの引き戸の向こうには晴香たちの姿が映っている。
　テーブルに置かれている手帳が風でパラパラとめくれている。
　映像に重なる手帳のラインナップ。

絵コンテのイメージ

①18歳の加藤晴香。卒業式に同い年の男子からピンク色に白の水玉模様手帳にアドレスを書いてもらう。
②27歳の晴香。水色の手帳に書きこまれた「結婚式」

の文字。左手薬指の婚約指輪が光る。

③37歳の晴香。仕事の合間に、赤い手帳に挟まれたわが子（5歳ぐらい）の写真を見て微笑む。

④52歳の晴香。リビングで一人、茶色い革の手帳に書き込む「愛美・成人式」の文字。

⑤玄関で振り袖姿の娘、晴香、夫で写真撮影をしている。

⑥奥には玄関の向こうにいる晴香たちのシルエット。リビングでそよ風にめくれる手帳のページ。

映像に手帳のラインナップが重なる。

「どうですか？　手帳と共に女性の一生が過ぎていく雰囲気が伝わりますか？」

「はい。手帳も一緒に大人になっていく感じも伝わってきましたよ！」

「良かった〜。セリフがなくても意図していることって伝えられるものなんですね」

「はい。作り方のポイントさえ摑めばこんなふうに作ることができるんです」

「シナリオってやっぱり便利！」

「では、さっそく**セリフありバージョン**にいってみましょう！」

3 スギヤマさんのシナリオ！【商品間接型】(2) セリフありバージョン

【起】セリフは人物設定から引き出そう！

「とは言ってみたものの、良いセリフってやっぱり難しそう」

「スギヤマさん。ここもすでにクライマックスの映像のイメージが出来ていましたよね？」

「はい」

「それを上手く使えばいいんです。ってことは、アンチは？」

「片思いの女性が『一歩前に進む』なら、『前に進めない』女性で始めればイイってことですね！」

「その通り！」

「内気な性格なら、どんな発言をするだろう？」

「そうそう。思ったことが言えますか？」

「いやいや」

「積極的にアクションできますか?」

「とんでもない!」

「そうです。いい感じになってきましたね」

「そうだ! ついつい応援したくなる主人公から飛び出す『感情ゼリフ』『情緒ゼリフ』を入れてあげたいなあって思ってました」

「お〜、ドラマっぽくてイイですね。どんな主人公と場面で見せますか?」

「え〜と、23歳の社会人の女性。そして、びっくりするほど内気だから、好きな人は見ているだけ。やれることと言えば、自分の本当の気持ちを手帳に書き込むこと」

「なるほど、ここにも**小道具として手帳が出てくる**んですね」


【承】主人公が取る行動をイメージ!


「え〜と、エピソードが大きくなるように重ねないと」

「そうです。思い浮かびますか?」

「はい。片思いエピソードならどんどん出ます!」

「実話じゃなくて結構ですよ?」

「わかってますって! かなり内気な23歳の女性だから、最初は見てるだけしかできない主人公が、手帳に似顔絵を書いたり、彼の様子をシールで貼って表現するようになって、ずっとそんな日が続く……そんなシーンで片想いの気持ちが膨らむ様子を表現してみます」

「片想いらしい行動ですね」


【転・結】主人公の気持ちに共感を!


「ここが彼女の気持ちが一番伝わるアクションですね」

「そうです。ここが山場です!」

「女性に共感してもらえるかなって考えるとドキドキします」

「ですね。でも、どんな人でも誰かを好きだったり、素直に自分を見せられない悩みはありますから、きっと大丈夫!」

「頑張ります! クライマックスは、『彼に一言話しかける』っていう、彼女の最大の勇気を見せるシーンにつなげます！　そして、視聴者には、頑張る主人公に自分を重ねつつ、私も頑張ろう！　と思ってもらえたらと思います！」

「セリフ、大事にしてくださいね」

「余韻を感じさせるドラマ……ですもんね。よーし、頑張るぞ！」

シナリオ

○（株）イー出版社・オフィス・中
眼鏡をかけ、地味な印象の鈴木美奈子（23）、少し先のデスクにいる山田祐樹（25）を切なそうに見ている。

○（株）イー出版社・社員食堂・中
美奈子、遠くに見える山田の横顔を見ながら赤いチェック柄の手帳に何か書いている。

同僚女性（23）が来る。

同僚女性「どうしたの？」

美奈子「何でもないよ」

手帳を隠すようにしてしまう。

美奈子の膝の上の手帳には、あまりうまくない山田の似顔絵が描いてある。

○（株）イー出版社・オフィス・中
山田が上司に怒られてうなだれている。

その様子を見ている美奈子、手帳に悲しんでいる表情のシールを貼る。

○鈴木家・美奈子の部屋・中（夜）
ベッドに横たわり、手帳をパラパラとめくっている美奈子。
めくられるページには様々な表情のシールが貼られ、まるでパラパラマンガのよう。
その様子を見てふっと笑うが、寂しげな表情になり
美奈子「ずっと、このままなのかな」

○（株）イー出版社・オフィス・中
美奈子、オフィスを歩いていると山田の席に置

いてある青いチェック柄の手帳に目を留める。
美奈子と色違いである。
自席に座り、引き出しに入っている自分の手帳をじっと見つめる。

○（株）同・オフィス・中
席に座ってコーヒーを飲んでいる山田。
意を決したように美奈子は席を立ち、山田へ近づいていく。
山田の席に置いてある手帳を指さし、
美奈子「あのっ、そ、それ！ 色違いですね」
自分の手帳を見せながら、精一杯の笑顔を作る美奈子。
山田、驚いた表情をしているが、表情を緩めて笑顔を返す。
N「一緒に歩こう、一緒に恋しよう」
笑顔で会話を楽しむ美奈子と山田。
映像に手帳のラインナップが重なる。

絵コンテのイメージ

①社内に憧れの男性社員がいる鈴木美奈子（23）。何もできずに見ているだけ。
②休憩時間。遠くに座る男性社員を見ながら赤いチェック柄の手帳に似顔絵を書いている美奈子。同僚から「何をしているの？」と訊かれ、「なんでもない」と、直ぐに閉じる。
③悩んでいる男性社員を見て、手帳に悲しみの表情のシールを貼る美奈子。
④自宅で美奈子が手帳をパラパラとめくると、まるでパラパラマンガのようになっている。「ずっと、このままなのかなぁ」とため息。
⑤美奈子、オフィスで男性社員が自分と色違いの青いチェック柄の手帳を持っているのを見かけて嬉しそうになる。
⑥休憩時間に「それ、色違いですね」と、ぎこちなく、けれども笑顔で話し掛ける美奈子。
映像に手帳のラインナップが重なる。

ナレーションは「一緒に歩こう、一緒に恋しよう」

「どうでしょう、これで伝わりますか？」

「いいですね！　素朴な感じであったかい気持ちになります。こちらも手帳がわざとらしくなく、小道具的に使っているのも、この表現らしいですね」

商品間接型は、**「結」で余韻を感じてもらえるような動画**にすることがポイントです。

「承」では間接的な映像表現（シャレード*）を使ってドラマを盛り上げます。

B商品間接型のポイントの整理

- 天地人*は、お客様が共感しやすい設定にする
- 商品は全面に出さず、小道具として使う
- 「承」で描いているシーンは徐々に盛り上がるようにする
- テーマをお客様自身が感じるように作る
- 商品に親近感がわくような余韻を作る

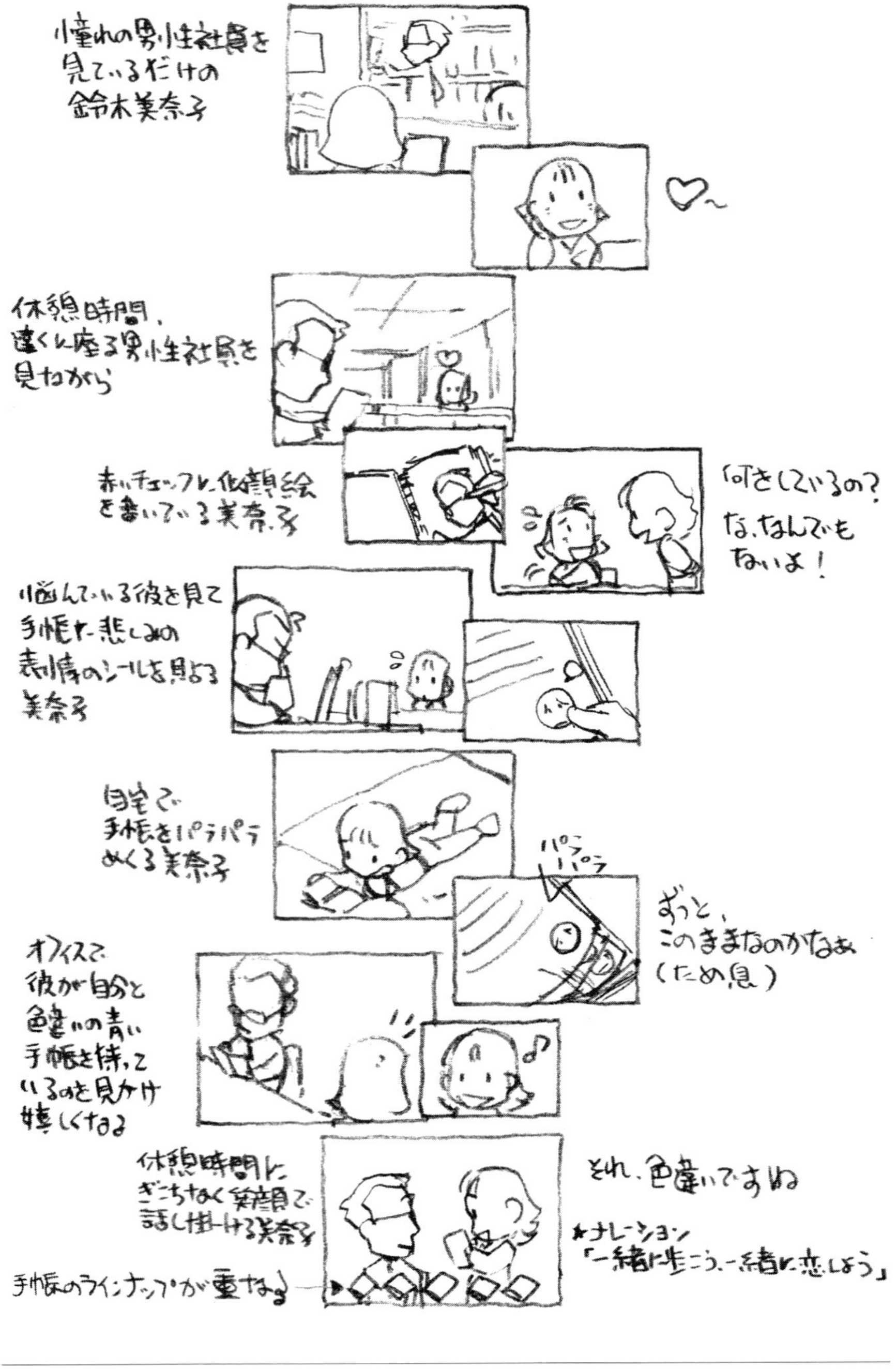
憧れの男性社員を見ているだけの鈴木美奈子
♡~
休憩時間、遠くに座る男性社員を見ながら
赤いチェックに似顔絵を書いている美奈子
「何をしているの？
な、なんでもないよ！
悩んでいる彼を見て手帳に悲しみの表情のシールを貼る美奈子
自宅で手帳をパラパラめくる美奈子
パラ パラ
ずっと、このままなのかなあ（ため息）
オフィスで彼が自分と色違いの青い手帳を持っているのを見かけ嬉しくなる
休憩時間にぎこちなく笑顔で話し掛ける美奈子
それ、色違いですね
★ナレーション
「一緒に歩こう、一緒に恋しよう」
手帳のラインナップが重なる

第2章の3

C【理念直接型】動画の作り方

障害を使って「伝わる動画」に!

「スギヤマさん、商品の紹介はもう完ぺきですね」

「いや〜それほどでもないです。でも、自信はついてきましたよ」

「次は、会社理念の紹介にいきましょう。

会社理念の紹介は、理念という形のないものを扱うので、難易度は高くなります」

「そうなんですか?」

「次の動画の目的は何ですか?」

「新入社員採用のための動画を作りたいんです」

「ということは、理念への共感UPが重要ですから、理念直接型でPRしてみましょうか」

欲しい人材の説明(共感UP)
シナリオの難易度　★★★★☆

理念直接型は、商品・サービスをどんな思いで提供しているか、提供したいのかなど、企業の考え方や理念、将来性についてより詳しく伝えたいときに効果的です。

製造工程にこだわりがある企業なら、その制作現場や工場、そこで働く人々を映しながら、ナレーター

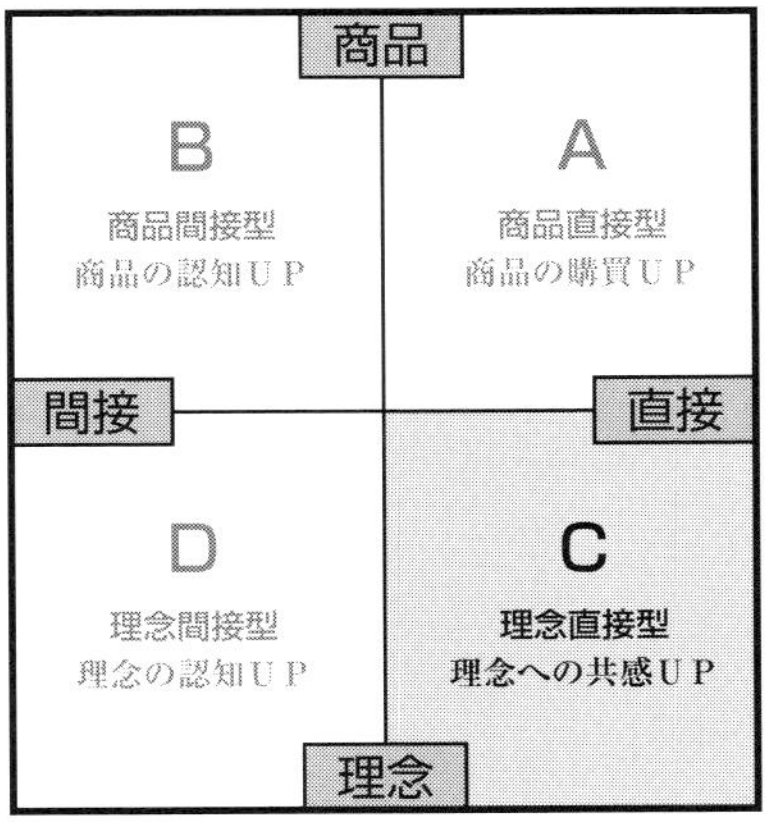

図　C　理念直接型

がメッセージを読んだり、自然環境を大切にすることを伝えたい企業なら、美しい自然を背景にメッセージを流して表現することもあります。

ポイントは、どんな理念を持っているのかを「転」でストレートに伝えることです。

「転」で伝えたいテーマを実現するために、**「承」で障害を乗り越えてきた様子を伝えていくとドラマチックになります。**

映像を観た人に、企業姿勢を確実に伝え、よりよいイメージを持つような表現が使われます。

理念直接型を突き詰めていくと、「プロジェクトX」のような動画を作ることもできるようになります。

よくあるCMのパターン

◎製造工程にこだわった化粧品を作ることをポリシーとした企業CM

商品を作る工場の生産ラインで働く人々

↓

清潔に保たれた工場内

↓

一人一人が商品を丁寧に作っている

↓

検品され、配送される

↓

密封された容器を開けるお客様の姿

そこに「××化粧品は女性の肌につけるものだから、決して妥協せず一つ一つ誠心誠意作ります」というメッセージが流れる

◎実績をアピールしたい不動産業に工務店などがそのポリシーを伝えるCM

新築の家の工事風景

↓

和風スタイルの家

↓

モダンなスタイルの家

↓

明りのともる新築の家
↓
家主に花束を渡す営業マンの笑顔
↓
街の人々の活気ある姿
↓
そこに「一生快適に住める家を作り続けて50年。これからもあなたの街でともに生きていきます」というメッセージが流れる

◎人材育成に力を入れている企業が、そのポリシーを伝えリクルートを促進するCM

社内研修の風景
↓
悩んで一人落ち込んでいる男性
↓
お昼休みに先輩と談笑している男性
↓
営業先のお客様と握手をする男性
↓
その姿を見守る先輩
↓
そこに「私たちは常に新しい人材の才能を伸ばし、可能性を広げていく環境を用意しています」というメッセージが流れる

向いている使いかた

【ターゲット】

ターゲットは、基本的にその企業に対して**少なからず興味を持っている顕在層。**

【媒体】

企業理念について、興味を持っているターゲットが接する可能性のある媒体を選びます。

映像のクオリティが高ければ、自社サイトだけでなく、展示会や店頭、街頭の大型ビジョンなどに使うことができます。

・自社サイト
　トップページ

会社紹介ページ
採用ページ　など

・求人サイト
・店頭ビジョン
・街頭ビジョン
・テレビＣＭ

ＳＮＳの場合、商品直接型と同様に、ターゲットからは歓迎されますが、関心のないお客様には敬遠されます。ＳＮＳでの使い方には注意が必要です。

社内広報で使う場合は、年頭のあいさつ、新入社員向けの研修などにも使えます。

構成のポイント

「理念直接型って、なんか説明っぽい感じになりそうですね」

「いいところに気づきましたね、スギヤマさん。この**説明っぽさをなるべく消す**、もしくは説明でも聞きたくなるようにするのが構成のポイントです」

「そんなことできるんですか？」

「できますよ。**ポイントは『承』です！**」

・**「承」で障害を乗り越えていく！**

理念直接型の構成のポイントは「承」です。「転」でストレートにテーマを伝えるためにも、「承」をドラマチックに展開させてお客様を動画の世界に引き込みます。

企業理念を実現するために、**どんな障害を乗り越えてきたのか、どんな思いで乗り越えてきたか**などを「承」に盛り込んでください。

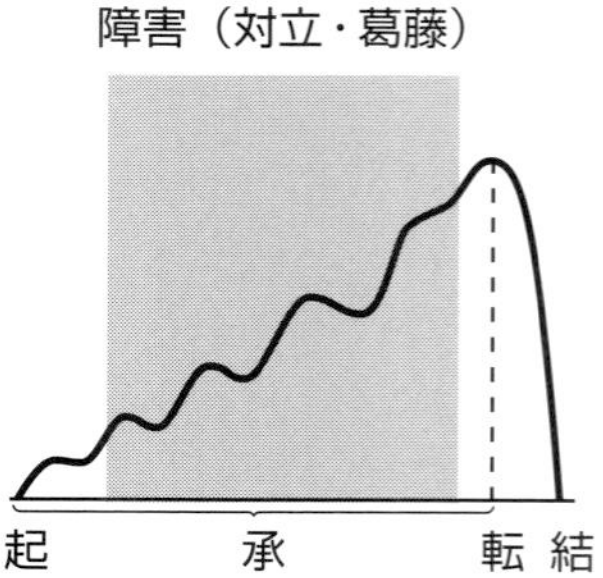

障害
↓
乗り越える
↓
また障害
↓
また乗り越える
↓
またまた障害
↓
またまた乗り越える
↓
この理念を実現するために

　というように、七転び八起きのようなエピソードを積み重ねていくとお客様は見応えを感じます。

「承」の描きかた一つで、説明っぽい伝わらない動画になるのか、ドラマチックな「伝わる動画」になるのかに分かれます。まさに「プロジェクトX」です。反対にお客様**がしらけてしまうのは、成功談や美談ばかりで描かれる動画**です。

こんな素晴らしいことしています
↓
こんな成功をおさめました
↓
もっと素晴らしいことしています
↓
さらに成功をおさめました
↓
理念を大切にしていきます

　障害を乗り越えていくのは、創業者や社長、社員などの人物の場合もあります。会社そのものの場合もあります。障害を前に葛藤をしている登場人物（会社）の姿にお客様は共感をしてくれます。

　ポイントを押さえて、説明的になりがちな理念直接型のＰＲ動画を、「伝わる動画」にしていきましょう。

・「転」はストレートに伝える

理念直接型では、テーマは直接的に伝えます。会社理念そのものを言ってしまう場合もあります。説明セリフ*を有効に使ってテーマを伝えましょう。

「承」をドラマチックにすることで「転」のテーマが、お客様の心に定着します。

・「起」は天地人を整理する

理念直接型の「起」では、二つのことを整理します。一つ目は、**天地人の整理**です。特に企業の歴史を扱う場合は、

天：時代
地：場所
人：人物

を整理することで、動画のスタートがいつ、どこで、誰が関係しているのかをはっきりさせることができます。

歴史や創業当時のことは、作り手にとって当たり前のことでも、お客様は知る由もありません。その点をしっかりと考慮する必要があります。

二つ目は、**人物の目的**です。人物に目的を持たせることで、目的を阻む障害が際立ちます。障害を乗り越えることで、目的の強さがさらに際立ちます。

動画を通して、これからも理念を達成するためにどんな苦難にも打ち勝って歩んでいくイメージを伝えることができます。

1 4つのステップで作ってみよう！

「ふぅ〜、とにかく障害を乗り越えている姿を見せればいいんですね。頑張ってみます」

「一緒に、手順とポイントを押さえながら作っていきましょう！」

「はい！　まずは、目的・ターゲット・媒体!!」

(1) 目的をはっきりさせる

理念直接型の動画を作る目的を整理しましょう。

「この動画を作る目的ですよね」

「はい」

「えっと……会社説明会でウチの会社理念をいいなぁと思ってもらいたいです」

「そうでしたね。93ページのシートに、目的を記入してください」

スギヤマさんの例
【目的】
就活生が会社の理念に対して共感がＵＰする動画

(2) ターゲットは誰か

この動画を誰に見てもらいたいのかを考えます。どんな方なら、御社の理念に興味を持ってくれるでしょうか。

「理念直接型は、ある程度興味を持っている人に、より深い情報を届けることができます。今回は新卒採用でしたよね」

「はい」

「御社や業態に少しでも興味があるわけですから、より詳しいことを知りたいわけですよね」

「となると、ターゲットは『ものづくりに興味があるメーカー志望の就活生』でしょうか」

スギヤマさんの例

【ターゲット】

ものづくりに興味があってメーカーのことを知りたいと思っている就活生（人）

（3）媒体は何か

最後に媒体です。このターゲットに、この目的を達成するのにふさわしい媒体を考えましょう。


「媒体はどうしますか?」

「まず当社の自社サイトは外せません。あと求人サイトにも載せたいです」

「いいですね」

「予算次第では、合同企業説明会の大型ビジョンなんかもありですね」

スギヤマさんの例
【媒体】
・自社サイト
・求人サイト
・合同説明会の大型ビジョン

「こんな感じでいいと思います」

「慣れてきましたね。シナリオ制作・前に整理したことを、まとめておきましょう」


目的・ターゲット・媒体が整理されました。シナリオ制作のステップに進みましょう。

（4）テーマを考える

「では、最初のテーマの部分からいってみましょう!」

「えっと『会社のリクルートを促進するための動画を、ものづくりに興味があってメーカーのことを知りたいと思っている就活生（人）に、自社サイトや求人サイトを使って、より深い情報を伝える』には、どんなテーマがいいか、一つに絞って具体的に考えるわけですよね……」

「その通りです。会社理念は初めてなので、ちょっとじっくりやってみましょう」

シナリオを書く準備ができてしまう４つのステップ 書き込みシート

C　理念直接型

		記入欄	スギヤマさんの例
動画の骨子	**目的**	（共感がＵＰする動画）	就活生が会社の理念に対して共感がＵＰする動画
	ターゲット	（知りたいと思っている人）	ものづくりに興味があってメーカーのことを知りたいと思っている就活生（人）
	媒体		・自社サイト ・求人サイト ・合同説明会の大型ビジョン
	テーマ	（特にいいと思ってもらえる動画）	わが社の「垣根が低くて誰にでもチャンスがあるスタイル」を特にいいと思ってもらえる動画

「お願いします」

「会社理念の場合は**『わが社の〜を特にいいと思ってもらえる動画』**にあてはめます。まずは『〜』から考えましょうか」

「はい……と言われても」

「では、就活生たちに御社の何をいいと思ってもらいたいですか？」

「何より、当社の手帳をいいと思ってもらいたいですよね」

「ターゲットである、ものづくりに興味がある就活生なら？」

「当社はすべての製作工程を自社内で行なっています。これは他の会社ではなかなかできません。手抜きすることなく全行程を丁寧に作っていることを知ってもらいたい。知ることで当社の商品に誇りを持ってもらいたいんですよね」

「響きそうですね。ここで少し視点を変えて、就活生から見た御社で働くメリットって何でしょう」

「う〜ん、そうですね。年齢に関係なく、企画会議に参加し、いいアイデアは採用されます」

「他には？」

「社内の垣根が低く、社長も社員もみんなすごく仲がいいんですよね〜。何でも言いあえるというか」

「それを一行で言うと？」

「**垣根が低くて誰にでもチャンスがあるスタイル**でしょうか」

「シンプルにまとまりましたね」

スギヤマさんの例

【テーマ】

わが社の「垣根が低くて誰にでもチャンスがあるスタイル」を特にいいと思ってもらえる動画

まとめ【動画の骨子】

以上をまとめると――、

「会社のリクルートを促進するための動画を、ものづくりに興味があってメーカーのことを知りたいと思っている就活生（人）に、

公式サイトや求人サイトを使って、

垣根が低くて誰にでもチャンスがあるスタイルを特にいいと思ってもらえる動画」となります。（構成図は左）

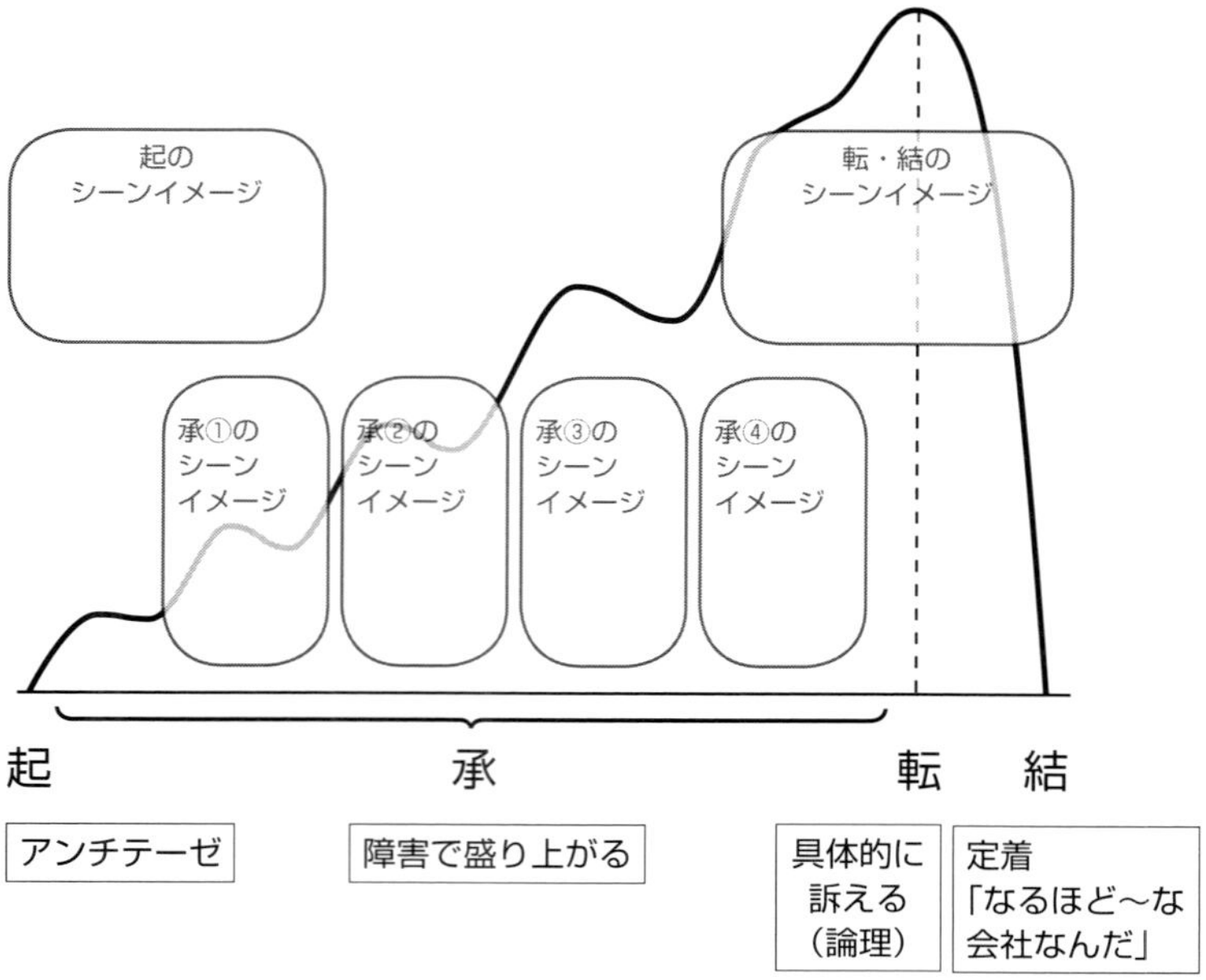

2 スギヤマさんのシナリオ！【理念直接型】(1) 観る側主人公バージョン

シナリオの構成を組立てよう

「さぁスギヤマさん、シナリオを考えてみましょうか！　欲しい人材の説明（求人）として、何かイメージはありますか？」

「まずは応募者の立場に立って、入社してから具体的にどんな生活が待っているかがわかる映像と、もう一つは社長が出たがってたから、それも考えないとなぁ」

「わかりました、その二つでいきましょう。まずは、就活生目線のものからいきましょうか。『ものづくりに興味があってメーカーのことを知りたいと思っている就活生に、垣根が低くて誰にでもチャンスがあることを特にいいと思ってもらう』には、どんな映像を見せたいですか」

「やはり、わが社に入社することで、いろんな経験とチャンスを得て、成長できるんだということを知ってもらいたいなぁ」

「では、仕事を通じて可能性を広げ、成長した姿が一番の見せ場となりますね。そこに向かって映像シナリオを考えましょう」

【起】人物の目的を定めよう

「まずは天地人*からいきます。主人公のキャラですが、こんな人に来て欲しいという希望はありますか？　ご自身の若い頃をイメージしてもいいですよ」

「新卒だから……、23歳、都内に住む男性で実家暮らし。前向きで明るく、身長１８３センチ。スリムで端正な顔立ちの爽やかイケメン」

「えっ、それってまさかご自身をイメージ？……まぁ、いいでしょう。場所や時代はどうなりますか」

「イメージしやすいように、時代は『現代』で、メインの場所は『東京の当社』、その他、登場人物は『主人公の青年と当社の社員たち』、でどうでしょうか」

「では、もっとも大切な主人公の目的を再度整理しましょう」

「当社でいい商品を作って、いい仕事をする！」

「冒頭はどんなシーンで始めましょう」

「うちは古いけど結構おしゃれな自社ビルなんです。先代の社長が会社の顔だからと海外の有名な建築家にデザインさせたそうです。だから……初出勤日に期待に胸膨らませながら、うちのビルを緊張気味に見上げる新入社員！ってのは？」

「会社の歴史の象徴にもなりますね。それファーストシーンにしましょう」

【承】障害を次々ぶつける

「次はいよいよ、【理念直接型】の構成のポイントとなる『承』ですね。ここでは、新入社員がぶつかる障害をドラマチックな映像で表現します。スギヤマさん、新人時代の失敗談とかありますか？」

「いやぁ、ありすぎて……道に迷って遅刻したり、店の棚の商品を壊したり（笑）」

「そ、それはまずいですね（汗）」

「他にもあります！　新しい手帳の企画を出せって言われたんですけど、いいアイデアが思い浮かばなくて……企画書を出しても上司からダメ出しばかりで。あの時はつらかったなぁ」

「それ、いいですね。**頑張っているのに失敗ばかり。**主人公を困らせていますよね」

「失敗ならまだまだありますよ～」

「（笑）」


理念直接型の「承」では、**主人公の目的をはばむ障害を次々とぶつけてください。**「団子の串刺し*」にならないように気をつけるのがポイントです。

【転】テーマをストレートに伝える

「いろんな障害を乗り越えて、アイデアが浮かんだ主人公は、クライマックスでどうなりますか？」

「企画書を出してそれが認められる！かな？」

「**主人公の変化と成長**でテーマを伝えていますね」

「あと、若い新入社員たちが仕事で達成感を感じた瞬間のいい顔を映せたらなぁ」

【結】テーマを定着させる

「テーマを定着させるラストシーンはどんなのがいいでしょう」
「そうですね、就活生にこの会社で頑張りたいと思ってもらいたいです」

あとは、**ダイレクトに理念を伝えるようなメッセージをナレーションで入れたらドラマが締まり、テーマが定着します。**

シナリオ

○会社・玄関付近（朝）
緊張気味にビル見上げる新入社員Ａ（23）。拳を握り締め、ビルに入って行く。

○同・工場内
複数の新入社員とともに工場内を見学する新入社員Ａ。工場内の機械や素材、製造工程を見て驚きの表情。

○営業先・店舗内
棚の商品を落とし慌てる新入社員Ａ。
店長に怒鳴られ、平謝り。

○会社内・会議室
複数の社員の中に新入社員Ａ。ホワイトボードに企画案提出と書かれている。新入社員Ａ、困惑の表情。

○同・オフィス内
企画書を上司からつき返される新入社員Ａ。

○公園内・噴水前
ベンチに座り落ち込んでいる新入社員Ａ。手帳を開く。女の子が駆け寄り、笑顔で四つ葉のクローバーをくれる。

○会社内・オフィス
企画書を上司に出す新入社員Ａ。上司、笑顔。

○公園内・噴水前
新入社員A、ベンチでパンをかじりながら人を見ている、手帳にシールを貼り合って喜ぶ女子高生。手帳を見ながら携帯で商談しているサラリーマン。手帳の間にはさんだライブのチケットを見て微笑むＯＬ。

○会社内・オフィス
デスクから手帳をもって立ち上がる新入社員A。颯爽と出て行く。

N「人と人をつなぎ、人生に寄りそう会社で、さぁ、君たちも！」

絵コンテ

①会社を見上げる緊張気味の若者（男性）。
②社員研修で製造工程を見学する新入社員たち。（工場、素材、製作工程）みな驚きの表情。
③営業先を訪問するも商品棚を倒して商品を落として、怒られる。
④手帳の企画会議で企画を却下される。
⑤噴水の前で落ち込んでいると、女の子が駆け寄り、手帳の間に四つ葉のクローバーを入れてくれる。
⑥企画書を提出すると、上司の笑顔。採用される。
⑦主人公、噴水の前でパンをかじりながら人を見ている。
⑧手帳にシールを貼り合って喜ぶ女子高生。手帳を見ながら携帯で商談しているサラリーマン。手帳の間にはさんだライブのチケットを見て微笑むＯＬ。
⑨デスクから手帳をもって立ち上がる主人公。
（最後にナレーションとコピーで「人と人をつなぎ、人生に寄りそう会社で、さぁ、君たちも！」と入る）

「うわぁ、なんかいい感じのものができましたね」
「リクルートできそうですよね。入社説明会やホームページで使えますよ」
「では、**社長が登場するバージョン**も作ってみましょうか。こちらは社長をドラマのけん引役にして、会社がどんな歴史をたどり、今のスタイルになったかを表現するといいですね。映像のイメージはありますか？」

「会社を苦労してここまで成長させたことや、みんなでアイデアを出し合って切磋琢磨しているところ、みんなで喜びを分かち合っているシーンも入れたいです」

「では、それらのシーンを入れることを踏まえて考えましょう」

1. 会社を見上げる緊張気味の若者。

2. 社員研修で製造工程を見学する新入社員たち。みな驚きの表情。

3. 営業先で商品棚を倒して怒られる。

4. 企画会議で企画を却下される。

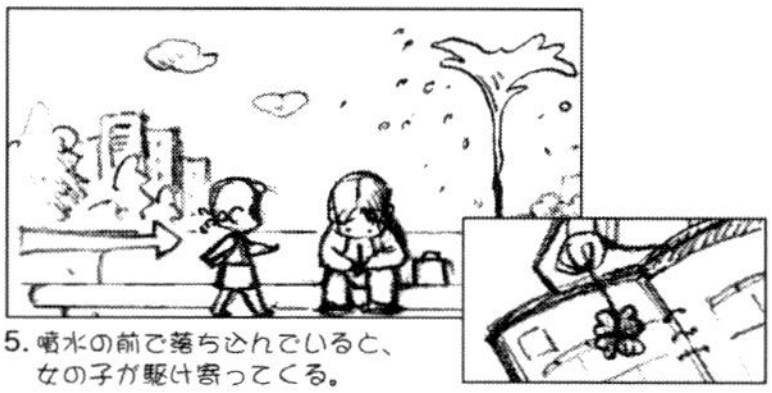

5. 噴水の前で落ち込んでいると、女の子が駆け寄ってくる。

6. 企画書が採用される。

7. 噴水の前でパンをかじりながら人を見ている。

8-全景

8-1 手帳にシールを貼り合って喜ぶ女子高生。

8-2 手帳を見ながら携帯で商談しているサラリーマン。

8-3 手帳の間にはさんだライブのチケットを見て微笑むOLさん。

9. デスクから手帳をもって立ち上がる主人公。
ナレーション「人と人をつなぎ、人生に寄りそう会社で、さぁ、君たちも！」

3 スギヤマさんのシナリオ！【理念直接型】(2)語り手主人公バージョン

【起】 歴史を伝える「天地人」の設定

「このバージョンでは会社の歴史を扱うので、**天地人**＊**の設定が重要**です。いつの時代から始めますか？」

「そうですね創業した昭和四十年の様子から始まって、当時のメンバーたちがどんな場所で、どうやって手帳を作ったか、そういう部分も描きたいんです」

「『プロジェクトX』っぽいですね」

【承】 障害に立ち向かう姿を描く

「ここまでくるには、みなさんどんな苦労をされたのですか？」

「工場は今より圧倒的に狭くて、手作業がほとんどだったのを、先代が機械を導入して大きくしたらしいです」

「他にはどんな苦労が？」

「わが社は生地や紙にこだわっていて、社長は日本中のいろんな生産工場をまわって交渉したそうですよ」

「最近ではどんな取り組みを？」

「ターゲットを拡大し、商品ブランドを増やすために、若い人に企画を出させて積極的に取り入れていますね」

「そういった歴史をシーンとして挟んでいきたいですね」

【転】 ドラマチックな見せ場を作る

「『承』で様々な障害を乗り越えました。では、クライマックスはどんな映像がいいと思いますか？」

「いい手帳を完成させみんなで喜んでいたり、それを買ってくれているお客様の姿を見てともに感動したり」

「いくつもの障害を乗り越えているので、感動的なシーンになると思いますよ」

【結】 未来への期待を感じさせる

「ラストはどんな映像で締めくくるとテーマが定着するでしょう」

「会社が成長しても、創業当時から変わらず、みんなで作り上げていく。これからも同じようにみんなで成長していく。そんな感じが出せたらなぁ」

シナリオ

○工場内

古びた小さな工場の中に、数台の機械と素材が並んでいる。創成期のメンバーや工場スタッフが喧喧諤々とやり取りしている。

○とある工場内

大型の機械が並ぶ工場内を見学し、必死にメモを取る社長（30）。

○会社内

社員同士でいろいろな革素材や紙を前にやり取りしている。

○同・工場内

いろいろなバリエーションの手帳が完成し、社長とスタッフたちが手をとり喜ぶ。

○文具店・店頭

店頭に並ぶ手帳を買う客を見ている社長と営業マン。ガッツポーズ。

○会社内・会議室

新入社員を前に研修をしている上役たち。

○同・社内

オフィスで新人社員たちと討論する社長（60）や上役たち。

○同・廊下

社長を追いかけてきた新人社員、企画書を差し出す新人社員。社長笑顔で受け取る。

○公園

広場で社長や社員たちが一緒にご飯を食べてい

る。

手帳を広げるサラリーマンの笑顔。ブランコに乗る親子。

楽しそうに話しているＯＬ。

Ｎ「未来を創ろう、私たちと共に！」

絵コンテ

①昭和三十年代の日本、小さな工場の中でいろんな革を比較しながら、喧喧諤々している創成期のメンバーや工場スタッフ。

②いろいろな機械工場を見学している若き日の社長。

③社員同士でいろいろな革素材や紙を前にやり取りしている。

④いろいろなバリエーションの手帳が完成し、みなで手をとり喜ぶ。

⑤店頭に並ぶ手帳を買う客を見ている社長と営業マン。

⑥新人社員研修風景。

⑦新人社員たちと会議室で討論する社長や上役たち。

⑧企画書を社長に差し出す新人社員。社長笑顔で受け取る。

⑨社長や社員、一般の人たちの笑顔。

（最後にナレーションとコピーで「未来を創ろう、私たちと共に！」と入る）

理念直接型は、**「承」**で主人公に障害をぶつけて**「転」**で障害を乗り越える姿を描くことで、メッセージを伝えます。

「結」でメッセージを定着させてください。

C理念直接型のポイントの整理

- ・ターゲットを動画の主人公にすることができる
- ・語り手を動画の主人公にすることができる
- ・障害を乗り越えた末の変化を感じる動画にする
- ・伝えたいメッセージははっきりと伝える
- ・「結」でテーマを定着させる

第2章の4
D【理念間接型】動画の作り方
芸術性の高い映像にもコツがある

何でもできる！　故に難しい

「最後は【理念間接型】ですね。これ一番ハードルが高そうですよね」

「その通りです。理念という形のないものを、間接的な表現で伝える。もっともクリエイティブな型だとも言えます」

「！」

「その分、カッコイイ映像を使った動画も、エンターテインメント性の高い面白い動画も作ることができますよ」

「かっこいいテレビCMとか、いわゆる人気のバズっている動画って、そうですか？」

「多いと思いますよ」

「私もいつか、そういう動画を作りたいなぁ〜、でも、これはやっぱり外部に出さないと無理だよなぁ」

「たとえ外部に出すとしても、制作する側に伝えるコトバがないと駄目なわけですから。せっかくですから、一度作ってみましょうよ」

「わかりました。ここまで来たんですから挑戦しますよ！」

「その意気です！」

「うちの会社理念や取組みを、間接的な表現で伝えるわけですよね？　ぜひ、伝えたいことがあります！」

「お！　ではさっそくやってみましょう」

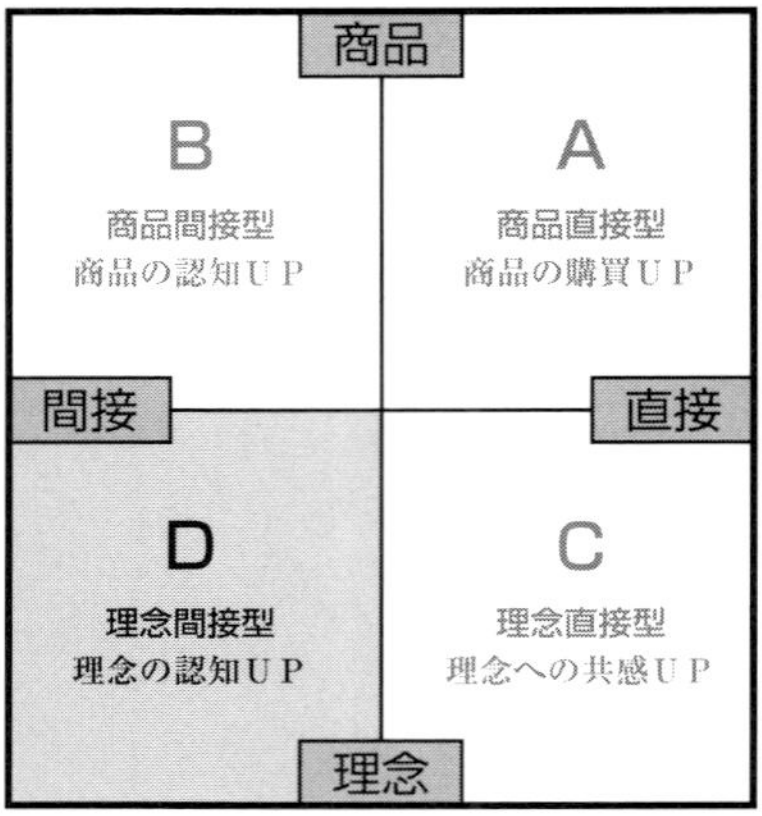

図　D　理念間接型

会社の方向性のＰＲ（認知ＵＰ）
シナリオの難易度　★★★★★

理念間接型は、企業理念をより多くの人に知ってもらいたい場合に効果的です。

企業イメージの底上げ、新たなイメージの浸透をはかることを目的にしています。

今までは、テレビＣＭを使って、すでに企業名が認知されていて、商品のメインブランドも確立されている歴史や伝統のある企業が作る傾向にありました。

この先認知を広めたい企業、ブランドを確立していきたい企業も、これからはＳＮＳを活用して認知を広げることも可能です。

低予算であっても、作品としてのドラマ性、エンターテインメント性を高めることができれば、話題を集めやすくＳＮＳで拡散させることも可能です。

今後、最も注目される型です。

「承」をどんな映像にするか

ポイントは、どんな理念を持っているのかを「転」で間接的に伝えることです。「転」でテーマを伝えるために、**「承」でどのような映像を使うかが重要**になります。

理念を間接的に伝えるので、その会社の商品やサービスそのものを前面に出さず、企業イメージを映像で表現します。

描き方はあくまで抽象的、婉曲的な表現で、芸術性の高い映像となる場合が多くなります。

車、家、時計、化粧品などの高級ブランドの場合は、商品そのものが主役となり人物は一切出てこない、出てきても脇役的な存在となることもあります。

また、有名なスポーツ選手や文化人、アーティストを起用する、ハリウッド映画の有名監督に撮影を依頼する場合もあります。イラストや音楽のみで伝える場合もあります。

作家性が強い分、その企業ならではの個性を表現することが可能です。

よくあるCMのパターン

◎自然環境保護への取り組みを伝えるアパレル企業

森の木々の青々とした映像
↓
鳥たちのさえずり
↓
風の音
↓
シンプルなワンピースを着た女性の髪が風になびく
↓
「地球とともに生きる」というメッセージが流れる

◎スポーツする人をサポートし続けることをPRしたいスポーツメーカー

有名サッカー選手がサッカーをしている
↓
鬼気迫る表情
↓
有名テニスプレイヤーの試合シーン
↓
大きくガッツポーズをする
↓
有名バスケットボールプレイヤーがダンクシュートを決める
↓
雄たけびを上げる
↓
高校生が靴ひもを結ぶ
↓

出演者が「挑戦だけが未来を作る」とメッセージを語る

◎女性の人生をドラマチックに変え続けていることを伝えたい化粧品メーカー

ダンスフロアで大勢が踊っている

↓

男はある香水の香りに惹かれて一人の女性と目が合う

↓

一瞬で恋に落ちる

↓

二人は手をつないで会場を抜け出す

↓

夜の海へとドライブに繰り出す

↓

月がふたりの姿を照らす

◎素敵な人生を送れる家を提供できることをＰＲしたいハウスメーカー

新居に引っ越してきた夫婦

↓

夫を会社へ送り出す妻。夫が、少し歩いてふりかえると、妻が寂しそうに家に入る

↓

ある夕方、妻が買い物から帰ると、家の壁に夫がライトアップし、影絵を映している。感動する妻

↓

それを見て、近所の人が数名やってくる

近所の人に少し頭を下げる二人

◎どんな人でも美しくできることをＰＲしたいエステサロン

鏡を見ながら化粧する美しい女性Ａ

イヤリングをつけている美しい女性Ｂ

裸にドレスをまとう美しい女性Ｃ

↓

中央にドレスアップした三人の美女

↓

次の瞬間、サラリーマン姿のおじさん三人に変身

↓

三人のひげ面のおじさんの顔が、美女三人に切り替わる

↓

「美は奇跡」というナレーションが最後に入る

向いている使いかた

【ターゲット】

企業の活動や歴史についてそれほど強い関心は持っていない潜在層。

もしくは、口コミが期待できるすでに企業のファンになっている顕在層。

【媒体】

ある程度の時間をかけて広いターゲットに向けてアピールすることに適した媒体。

・ＳＮＳ広告
・自社サイト
　トップページ
　会社紹介ページ
・展示会
・店頭
・メインストリーム広告
・アプリ内広告動画
・テレビＣＭ

予算をかけて、ハイクオリティな映像を作れば、展示会、店頭、大型ビジョン、テレビＣＭにも使えます。

構成のポイント

「起」で謎の要素を

「やっぱり理念間接型は難しそうです」

「確かに、どんな風に表現してもＯＫな分、つかみどころがないように感じますね」

「でも、あるんですよね？　ポイントが」

「一緒に見ていきましょう！」

・「転」インパクトのあるクライマックスをつくる

理念間接型は、「転」でテーマを感じさせることが一番重要です。直接型のように**頭で理解してもらうの**

ではなく、心に訴えかけます。

「転」で使うセリフは、感情セリフ、*あるいは情緒セリフ*です。

・「起」に謎の要素を入れる

理念間接型の「起」は、実際の映像として描かれる分量は多くありませんが、非常に重要な役目を担っています。

一つ目は、「起」の入りかたによって、動画の印象が大きく変わります。**「起」の入りかたは、二つあります。**

いきなりインパクトがあるシーンから入る**張り手型***、ゆっくりとその世界に誘うように入る**撫ぜ型***です。

いずれの入り方でも共通しているのは、この動画はなんだろう？　この先どうなっていくのだろう？　という**「謎」の要素を入れること**でお客様を引き込んでいきます。

二つ目は、動画に描かれない「起」の部分を作り手自身が想定しておくことです。

企業理念の根底には、社会や世界に対して

「こうなったらいいよね」
現実はこうだけど、
↓
理想を目指す

「このままではまずいよね」
理想はこうだから、
↓
現実を変えていく

という強いメッセージがあります。それが、「起」ではアンチテーゼという形で示されます。

ただ、動画の中でアンチテーゼを必ずしも描くことはありません。ですが、テーマに対してどんなアンチテーゼがあるのか、動画の舞台となる天（時代）、地（場所）、人（登場人物）に足りないもの、不満なもの、満ち足りているもの、期待しているもの、それらが何なのかを、作り手は作家の眼を持って捉えておく必要があります。

・「承」は凝りすぎもNG

「承」では映像のトーンを合わせることが大切です。かっこいい映像、面白いシーンだからといって、あれもこれもと映像を入れ込んでしまわないようにしましょう。

理念間接型は、表現の幅が広いので、動画の骨子からそれない「承」を意識する必要があります。

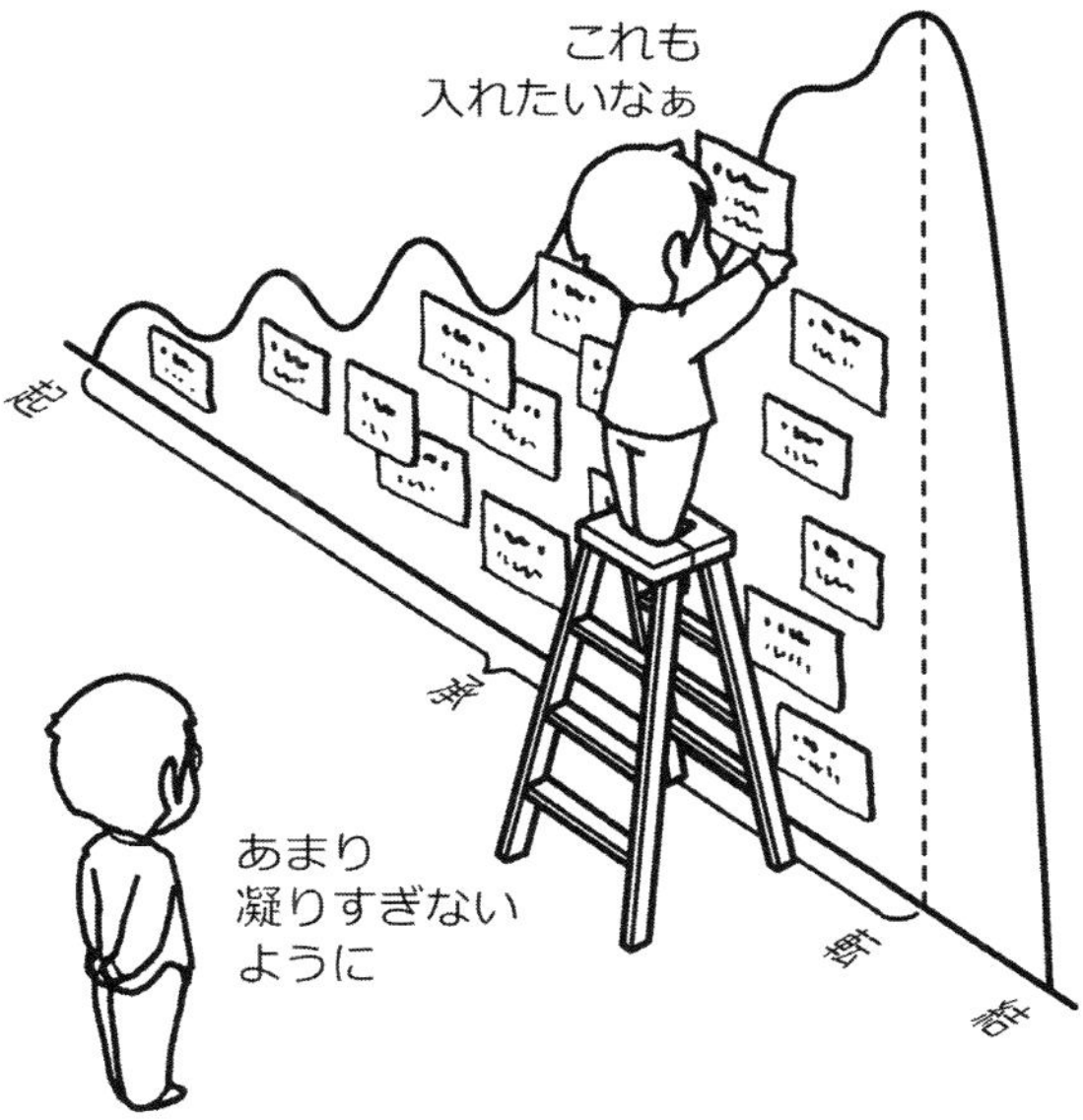
これも
入れたいなぁ
あまり
凝りすぎない
ように
起
承
転
結

1 4つのステップで作ってみよう!

「う〜ん。なんか、イメージは湧いてくるんですが……」

「難しいと思いますよね。理念間接型は、具体的に何を描きたいかが決まってくると、案外スムーズに進みますよ」

「じゃあ、不安は置いておいて目的・ターゲット・媒体の整理からですね」

(1) 目的をはっきりさせる

理念間接型の動画を作る目的を整理しましょう。

「この動画を作る目的は……わが社が行なっているクリエイターへの支援活動を知ってもらいたいです」

「意外な活動ですね」

スギヤマさんの例
【目的】
クリエイターへの支援活動という理念認知UPのための動画

(2) ターゲットは誰か

誰にこの動画を見てもらいたいのかを考えます。どんな方なら、あなたの会社の理念に興味を持ってくれるかです。


「理念間接型は、御社の理念を知らない人、興味を持っていない人に情報を届けることができます。今回はクリエイターの支援でしたよね」

「はい」

「ということは、御社のことに興味はなくても、芸術やアーティストに興味がある人はターゲットになりそうですね」

「なるほど。ターゲットは『クリエイターの活動に興味がある人』でしょうか」

スギヤマさんの例
【ターゲット】
クリエイターの活動に興味がある人

(3) 媒体は何か

媒体の選択です。このターゲットに、この目的を達成するのにふさわしい媒体を考えましょう。


「媒体はどうしますか?」

「わが社の自社サイト、それからSNSで反応もみたいですね。予算があえば、街頭ビジョンも面白そうです」

「いいですね」

「夢はテレビCMですけど」

スギヤマさんの例
【媒体】
・自社サイト
・SNS広告

・街頭ビジョン
・（テレビCM）
「では、シナリオ制作・前に整理したことを、まとめておきましょう」

目的・ターゲット・媒体が整理されました。シナリオ制作のステップに進みましょう。

（4）テーマを考える

「では、最初のテーマの部分からいってみましょう！」

「『クリエイターへの支援活動を知ってもらうために、クリエイターの活動に興味がある人に、自社サイトやSNS広告を使って、より多くの人に企業活動を浸透させる』にはどんなテーマがいいか……だから」

「テーマは？」

「う～んと」

「ではテーマを考える前に……具体的にどんな活動をされているのですか」

「アーティスト支援ですね。イラストレーター、画家、小説家、映画監督たちのコンクールを実施したり、ミュージシャンや舞踏家たちに発表の場を設けたりという支援もしているんですよ」

「それは素晴らしいですね」

「ほら、ちょっとしたアイデアって手帳に書き留めますよね。だからうちの社長は、手帳こそがクリエイティブの原点だって言っています。そして、作品を生み出すだけでなく、人との出会いを生み出すきっかけにもなるんだと」

「なんか、素敵じゃないですか。そこからテーマを一行にまとめてみましょう」

「わかりました。この場合だと……『わが社のクリエイティブをサポートし続ける姿勢を特にいいと思ってもらえる動画』でしょうか」

「いいじゃないですか。コツがつかめてきましたね」

スギヤマさんの例

【テーマ】

わが社のクリエイティブをサポートし続ける姿勢を特

にいいと思ってもらえる動画

まとめ【動画の骨子】

以上をまとめると——、

「クリエイターへの支援活動を知ってもらうために、クリエイターの活動に興味がある人に、公式サイトやSNSを使って、わが社のクリエイティブをサポートし続ける姿勢を特にいいと思ってもらえる動画」ということになります（書き込みシートは下）。

シナリオを書く準備ができてしまう4つのステップ
書き込みシート

D　理念間接型

		記入欄	スギヤマさんの例
動画の骨子	目的	（理念・認知ＵＰのための動画）	クリエイターへの支援活動という理念認知 UP のための動画
	ターゲット	（興味がある人）	クリエイターへの活動に興味がある人
	媒体		・自社サイト ・SNS 広告 ・公式 SNS ・街頭ビジョン ・（テレビ CM）
	テーマ	（特にいいと思ってもらえる動画）	わが社のクリエイティビティをサポートし続ける姿勢を特にいいと思ってもらえる動画

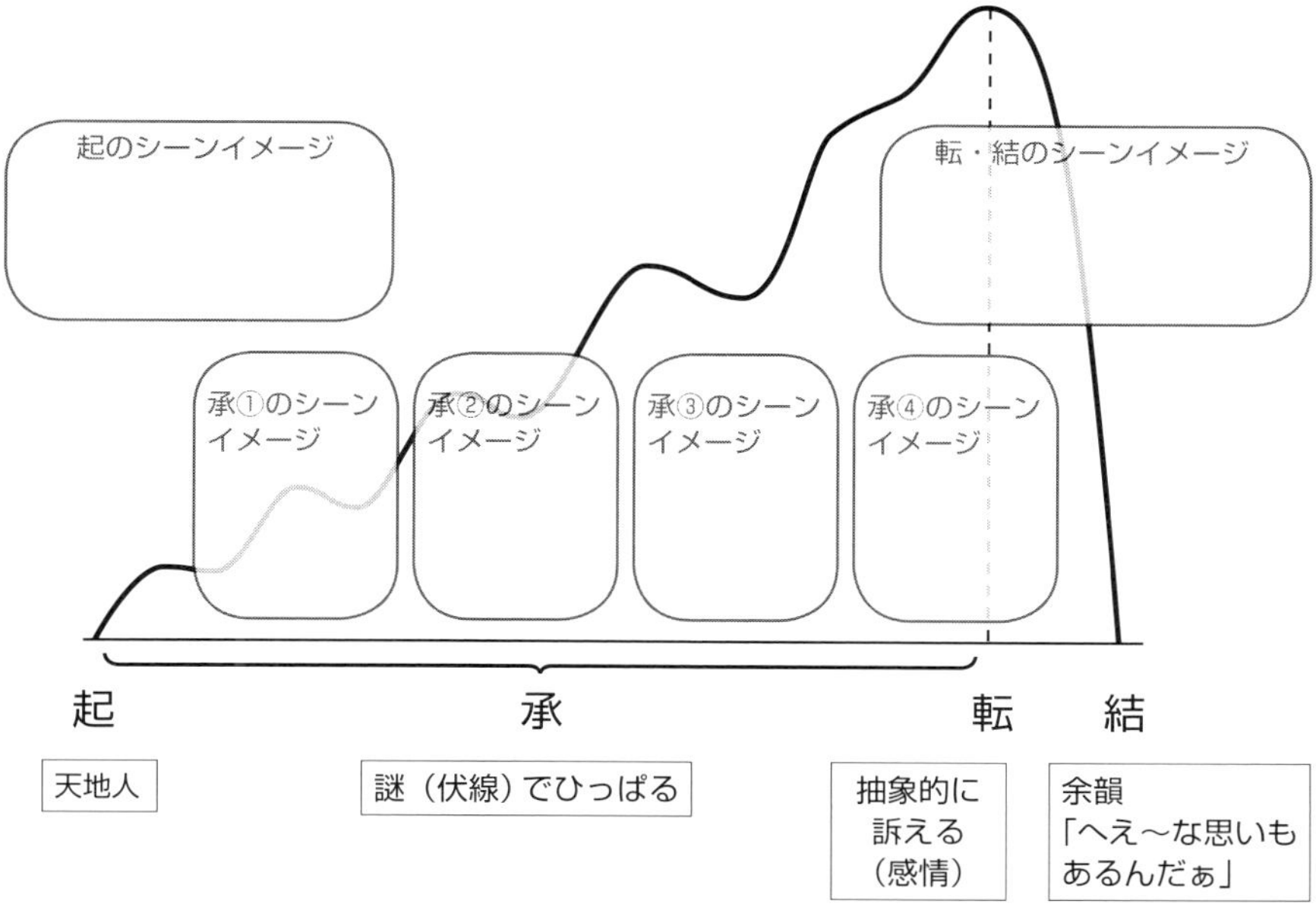

2 スギヤマさんのシナリオ！【理念間接型】（1）イメージ重視バージョン

シナリオの構成を組立てよう

「じゃあ、続いて構成を考えていきましょうか」

「でも、これってテレビCMでいうなら抽象的でイメージ重視の映像ですよね。**かちっとした構成やストーリーを立てる**ことってできるんでしょうか？」

「できます、**むしろ作らないと駄目**ですよ。一見感覚で作られているようでも、その根底にはしっかりとしたドラマがあります。映像としての表現の仕方が抽象的なだけ。だからしっかり構成を作ります」

「なるほど。ならば、せっかくクリエイティブを扱うんだから、かっこいいのを作ってみたいなぁ」

「まずはそれからいきましょう。そして、他にも、面白バージョンやドラマチックバージョンも考えてみませんか？」

「ぜひ、やりましょう！」

「まず、カッコイイバージョンですが、イメージはありますか？」

「クリエイターの輝いている、かっこいい一瞬を映像で切り取りたいです」

「それはどんな瞬間ですか？」

「作品を発表して賞賛を浴びたり、パフォーマンスをしてみんなを感動させたり、そういった感動のシーンを入れたいなぁ」

「では、そこをクリエイターの目的として動かし始めましょう」

【起】人物・世界観の設定

「まず、登場するのは世に認められていないアーティストですよね」

「アンチテーゼの技術をつかみましたね」

「そして、『天』は現代で、『地』は日本だけじゃなく世界中がいいな」

「もうひとつ、『転』でテーマをしっかり感じさせるためにも、魅力的なドラマへの入り方が重要です。どんな始まり方がいいでしょうか」

「そのクリエイターならではのシーンで、その生活の中にわざとらしくなく手帳があったらいいな」


【承】映像のトーンを考えたエピソードをつなげる

「クリエイターたちの輝く瞬間を見せ場とするなら、『承』ではどんなシーンを入れるといいでしょう」

「そうですね〜。貧乏な画家が絵を描いていたり、売れないミュージシャンが川べりで作曲していたり、幼いバレリーナが踊っていたり？」

「そういうシーンをコラージュしていくのもいいかもしれませんね」

【転】感覚に訴える印象的な見せ場を

「では、見せ場の映像は具体的にどんな感じがいいでしょう」

「発表の場に立っているところですね。画家ならギャラリーで個展を開いているシーン、ミュージシャンやバレリーナなら、大勢の前で発表して、観客に拍手されているシーンとか」

「感動的なシーンになりそうですね」

【結】テーマを定着させる

「ラストシーンでは、御社の将来性を表現して伝えたいですね。この先、どんなふうに発展していきたいと思われていますか？」

「将来性ですか、これはあくまで社長の意見ですが……世界中の人たちやアーティストたちの創造をサポートして、世界を平和で満たしたい！と豪語していました。ウチの社長大風呂敷ですから（笑）」

理念間接型は抽象的な表現だからこそ「**起**」では天地人やアンチテーゼをしっかりと設定しましょう。「**承**」、「**転**」、「**結**」においては、一つ一つのシーンのイメージを具体的にしましょう。

シナリオ

○画家のアトリエ

キャンバスに絵を描く画家（30）。

絵の具が飛び散り手帳につく。

すでに絵の具だらけの手帳。

○川べり

川べりでサックスを吹くミュージシャン（26）、ふと動きを止め手帳に音符を書く。

○稽古場（朝）

稽古場の隅で手帳を枕に寝ていたバレリーナ（15）。目覚めて朝日を浴びながらポーズをとる。

○カフェ

女の子（18）がこっそりと好きな男の子の（18）似顔絵を手帳に描いている。

○ギャラリー

画家が個展を開いている。

○路上

ミュージシャンが多くのギャラリーに囲まれ演奏している。

○ホール内・舞台袖

バレリーナが舞台袖から舞台中央のライトの下へと出て行く。

○カフェ・店内

男の子が女の子に微笑みかける。

女の子、顔を赤らめ手帳で顔を隠す。

○都会の交差点

○森の全景

○地球の全景

○宇宙からの全景

タイトル・「Ｃｒｅａｔｅ」

絵コンテのイメージ

①油絵を描いている画家。絵筆を走らせた瞬間、絵の具が飛び散り手帳に付く。その手帳は絵の具まみれ。

②川べりでサックスを吹くミュージシャン、ふと動きを止め手帳に音符を書く。

③稽古場の隅で手帳を枕に寝ていたバレエダンサー、目覚めて朝日を浴びながらポーズをとる。

④女の子がカフェで、こっそりと好きな男の子の似顔絵を手帳に描いている。

⑤画家が個展を開いているシーン、ミュージシャンが路上演奏するシーン、バレエダンサーが舞台袖からライトの下へと出て行くシーン。

⑥男の子と目が合い、男の子が微笑みかける。女の子、顔を赤らめ手帳で顔を隠す。

⑦都会の雑踏

⑧森の全景

⑨地球の全景

S/C	画面	内容
1 1		油絵を描いている 画家。
1 2		絵の具が飛び散り 絵の具まみれの 手帳に付く。
2 1		川べりで サックスを吹く ミュージシャン。
2 2		ふと動きを止め 手帳に音符を 書く。
3 1		稽古場の隅で 手帳を枕に 寝ていたダンサー。
3 2		目覚めて 朝日を浴びながら ポーズをとる。
4 1		女の子が カフェでひとり。
4 2		こっそりと好きな 男の子の似顔絵を 手帳に描いている。

S/C	画面	内容
5 1		画家が 個展を開いている。
5 2		ミュージシャンが 路上演奏している。
5 3		ダンサーが スポットライトを 浴びている。
6 1		男の子と目が合い 顔を赤らめて、 手帳で顔を隠す 女の子。
7 1	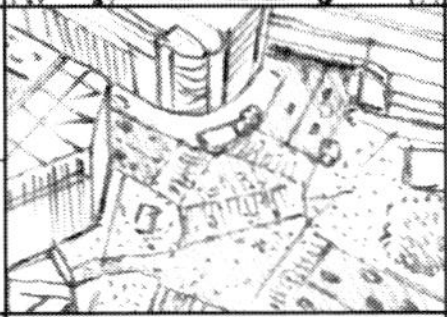	都会の雑踏。
8 1		森の全景。
9 1	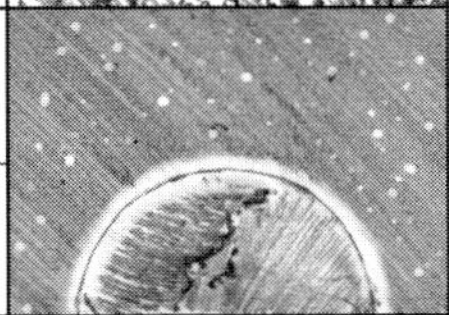	地球の全景。
10 1		宇宙からの全景。 「Create」の 文字だけ入る。

⑩宇宙からの全景
（ラストに「Ｃｒｅａｔｅ」の文字だけ入る）

「なんか、すごく壮大なのができました。（笑）こんなの流せたらいいなぁ」

「この【理念間接型】は理念という形のないものを映像化するわけですから、その表現方法はクリエイターの数だけあるとも言えます。映像に固執しなくても、イラストやアニメーション、写真、音楽をメインとして表現することもできますし、別にかっこいい映像にこだわらなくてもいいんです。次は、このシナリオをアレンジして面白動画にすることもできます」

「え〜できますか？」

「たとえば、今作った動画をよく似た設定で、こんな風にしてみたらどうでしょう」

絵コンテのイメージVer.2

①油絵を必死で描いている画家。その姿を物陰から覗いているメガネをかけた怪しいサラリーマンたち。

②川べりでサックスを吹くミュージシャン。その姿を物陰から覗いている怪しいサラリーマンたち。真顔でリズムを取り踊っている。

③稽古場で踊るバレリーナ。その姿を物陰からバレリーナの格好で覗いている怪しいサラリーマンたち。感動し泣いている。

④バレリーナ姿のサラリーマンたち、真顔で満員電車に揺られている。

⑤サラリーマンたち、そのままの姿で会社の中へと入っていく。

⑥オフィスに入り、各自が机につきパソコンを打ち始める。

⑦サラリーマンたち、窓から空を見て、小さな声で「ファイト！」。とつぶやく。
（ラストに「Ｃｈｅｅｒ」の文字だけ入る）

「似た設定でも変わるもんですねぇ。変なおじさんが出てきたから、どうなることかと思いました」

「**冒頭で謎を持たせると、人は続きを見たくなる**ものなんですよ。このサラリーマンたちは、社長や社員の皆さんが演じればいいと思いますよ」

「うわっ、うちの社長なら絶対やりますよ。僕も出たいな。（笑）」

3 スギヤマさんのシナリオ！【理念間接型】（2）ドラマチックバージョン

「では、最後に**ドラマチックバージョン**も考えてみましょう。手帳にまつわるドラマを作るとして、何か描いてみたいことはありますか？」

「社長は常々、手帳は芸術の創造だけでなく、人とのつながりも生み出すものだって言ってるんですよね。だから、これもテーマにしてみたいなぁ」

「つながりって具体的になんですか？」

「手帳って、人との約束や誕生日、記念日を書きますよね。それって出会いや再会のきっかけでもありますよね」

「じゃあ、手帳から生まれるつながりをテーマにするとして、どんなつながりや出会いがいいですか？」

「恋人や友人、あっ、親子のつながりとか、深くていいかもしれないなぁ」

「では、それで考えてみましょう」

【起】キャラクター設定が重要

「**ドラマ仕立てにするなら、観客が主人公に感情移入できるキャラがいいですね**」

「なら、20～30代のサラリーマンかなぁ。現代のドラマのほうが共感しやすいですよね」

「『転』は？」

「そうだな～、仕事ばかりして、田舎の母親に連絡もせずほったらかしのサラリーマン。疲れていてイライラしている」

「どんなシーンから始めますか？」

「会社で上司に怒られ落ち込んでいるとこかな」

【承】障害は次々と大きくしていく

「では、その主人公にどんな障害をぶつけますか？」

「まずは……資料だらけの机の上で仕事してたら、資料が落ちたり、上司に資料のミスを怒られたり、得意先に行くときに電車に乗れなかったり」

「忙しくて余裕のないシーンを描くわけですね」

「それで、手帳を開けると仕事の予定ばかりがぎっしり書かれている」

「見せ場から逆に考えると、その主人公にとって、一番大きな失敗は何になるでしょう」

「あっ、仕事が忙しすぎて、母の日とか、母の誕生日とか忘れちゃうとか！」


【転】ドラマチックなシーンで感情を揺さぶる

「ではクライマックスは？」

「クライマックスは母に電話をかけるシーンにします」

【結】じんわりと余韻を残す

「ラストシーンはどんな感じがいいでしょう」

「感動を定着させたいから、電話をする後姿とかでもいいかもしれませんね」

「いいですね。素敵な余韻です。では、シナリオにしてみましょう」

シナリオ

○会社・オフィス内

資料だらけの机で仕事する佐藤隆（29）。机から資料が落ちる。遠くから上司の怒鳴り声。

○同・オフィス内

佐藤が、上司から資料をつき返されている。

上司「やり直せ！」

佐藤、頭を下げる。

○駅のホーム

ホームに人がいっぱいで電車に乗れない佐藤。

○公園（夕）

ベンチで手帳を見る佐藤。仕事の予定だらけ。パンをかじりながら新たに書き込んでいると、一週間前のところに「母、誕生日」と書かれている。

佐藤「あっ……」

○マンションの一室（夜）

緊張気味に電話する佐藤。

佐藤「うん、うん、ごめんな、忙しくて……」

佐藤の顔が次第に笑顔になる。

佐藤「今度帰るからさ。お土産何がいい？」

手帳の８月のページのお盆のあたりに「帰郷」と書く。

×　×　×

笑いながら話している主人公の後姿。

タイトル「つながろう」

絵コンテのイメージ

①資料だらけの机で仕事する主人公（男性）。机から資料が落ちる。上司の怒鳴り声。

②上司から資料をつき返されている。

③ホームに人がいっぱいで電車に乗れない。

④駅のベンチで手帳を見る、仕事の予定だらけ。新たに書き込んでいると、１週間前のところに「母、誕生日」と書かれている。

⑤家に帰り、母に電話する。少し笑顔。

⑥手帳のお盆のあたりに「帰郷」と書く。

⑦笑いながら話している主人公の後姿。

「なんかいい感じのドラマになりました」

「あくまで**手帳を商品として前面に出すのではなく、ドラマの中の小道具として使っているのがポイント**ですね」

「これ、いろんなドラマが作れそうですね。結婚記念日、卒業式、旅行とか……」

「シリーズものとして流したら、ドラマのファンができて、新しいターゲット層を開拓するきっかけになるかもしれませんね」

「なんだか、夢が広がってきました！」

理念間接型は、さまざまな表現ができるため、映像の設計図となるシナリオをしっかりと作ることがポイントです。

「観てよかった」と思われる余韻を作りましょう。

D理念間接型のポイントの整理

・ドラマチックな動画、エンタメ要素の強い動画、どちらにも対応できる
・謎を使って、お客様の気持ちを引っ張る
・会社理念を映像の力で表現する
・新たなファンの獲得につながる余韻を作る

「スギヤマさん、4タイプやってみていかがでしたか」

「はぁ〜シナリオのことを知らない私でも何とかできるものですね」

「クリエイターが感じる、産みの苦しみと喜びを少しは体感していただけたのではないでしょうか」

「はい、結構クセになりそうです」

PRのための動画はハードルが高いイメージがあったかもしれません。しかし動画のタイプと構成法がわかれば、誰でも「伝わる動画」を作ることができます。シナリオを使って創造の幅を広げてください。

まとめ　書き込むだけで動画の構成ができてしまうシート

動画の骨子	・目的 ・ターゲット ・媒体

＋ ・テーマ

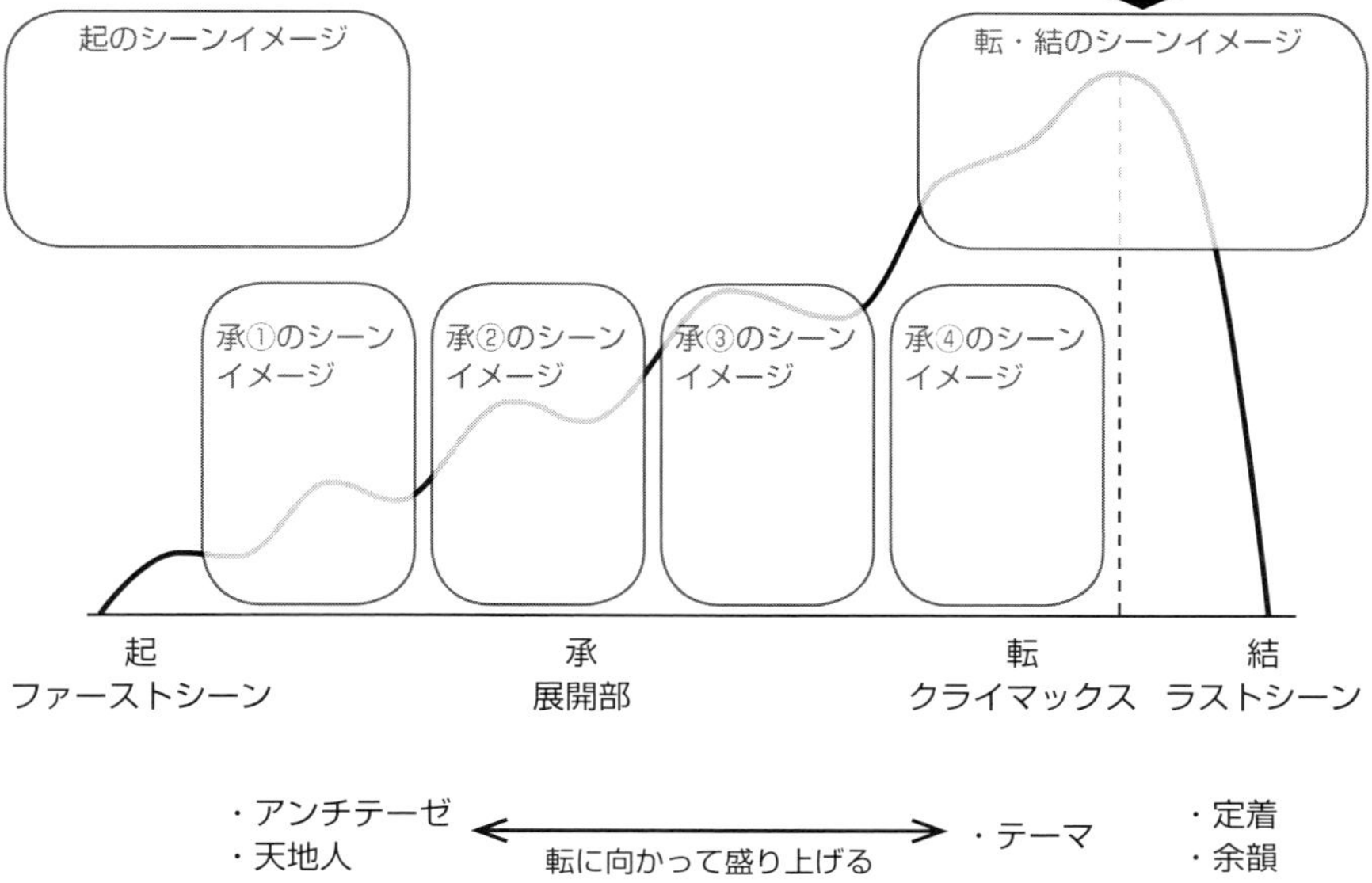

A 商品直接型	アンチテーゼ	・事件 ・事実 ・事情で盛り上げる	具体的に訴える （論理）	定着 「やっぱり～はよさそうだ！」
B 商品間接型	天地人	・小道具　or 場所・状況のシャレード（サービスの場合）で盛り上げる	抽象的に訴える （感情）	余韻 「しらなかったけど～はありかも」
C 理念直接型	アンチテーゼ	・障害を乗り越える	具体的に訴える （論理）	定着 「なるほど～な会社なんだ」
D 理念間接型	天地人	・謎（伏線）でひっぱる	抽象的に訴える （感情）	余韻 「へえ～な思いもあるんだぁ」

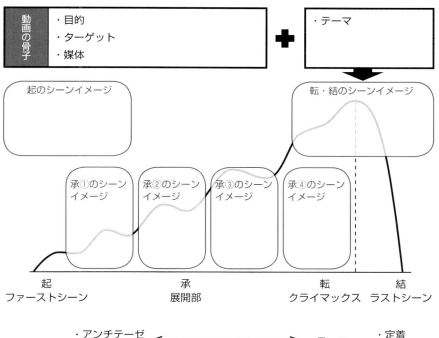

第3章　「伝わる動画」になっているかチェックリスト

これでシナリオ、絵コンテをチェック！

「おかげさまで、何とか社長の期待に応えられるＰＲ動画が作れそうです！」

「そういってもらえて、うれしいです」

「では、さっそく撮影に取り掛かりたいと思います!!」

「おっとっと。ちょっと待ってください。スギヤマさん」

「？」

「シナリオができた！　絵コンテができた！　となるとテンションが上がって、客観的に自分が作った作品を見ることができません」

「？」

「どんなプロでもそうです」

「で？」

「シナリオや絵コンテの状態になったら、シナリオ制作・前に考えた【動画の骨子】を満たす動画になっているかをチェックしてください」

「でもどうやって？」

「各タイプごとのチェックリストを使ってください！　スギヤマさん」

「！」


映像のイメージがある程度固まり、シナリオや絵コンテなどラフでも作ることができたら、その時点で、チェックリストを使って客観的な視点で、「伝わる動画」になっているかどうかを確認してください。

構成のポイントが各タイプで特徴があったように、チェックポイントもそれぞれ特徴があります。

撮影前に、動画制作に関わるメンバーでチェックしてみてください。

1 4タイプ共通項目

シナリオ制作・前

動画の骨子を整理せよ！

□動画を作る目的が整理できている
□ターゲットが整理できている
□媒体は、適切である
□テーマは具体的になっている
□テーマは一つに絞れている
□テーマは「〜を特にいいと思ってもらえる動画」と一言で言える
□動画の骨子を、制作に関わる全員で共有できている

シナリオ制作・中

構成の機能から外れていないか、チェックせよ！

・「起」について
□天地人は整理されている
□動画の天（時代）は、〜と言える
□動画の地（場所）は、〜と言える
□動画の人（人物）は、〜と言える
□アンチテーゼになっている
・「承」について
□障害がドラマを盛り上げている
・「転」について
□テーマを、伝えられている
・「結」について
□余韻・定着が作れている

2 A【商品直接型：チェックリスト】

シナリオ制作・前

動画の骨子を整理せよ！
□動画を作る目的は「購買力UPのための動画」と言える
□ターゲットは、この商品・サービスを必要としている人である、といえる、ターゲットは「～に困っている人or期待している人」と言える
□媒体は、購買アップにつながりそうな媒体を選んでいる
□テーマは、「商品の～を特にいいと思ってもらえる動画」と言える

シナリオ制作・後

絵コンテ、シナリオの時点でチェックして、制作費・制作時間のロスをなくす！
□骨子を満たす動画になっている
□すべての項目にチェックができている
□自信をもって、撮影に進める！

シナリオ制作・中

構成の機能から外れていないか、チェックせよ！

・「起」について

□ターゲットが共感できる状況を描けている

・「承」について

□問題を解決する商品・サービスが登場している

・「転」について

□テーマを、ストレートに伝えられている

□変化が明確にわかる

・「結」について

□購買を促進するシーンを作っている

シナリオ制作・後

絵コンテ、シナリオの時点でチェックして、制作費・制作時間のロスをなくす！

□商品・サービスの機能や特徴がストレートにわかる

□商品の購買につながる動画になっている

3 B【商品間接型：チェックリスト】

シナリオ制作・前

動画の骨子を整理せよ！

□動画を作る目的は「商品認知度ＵＰための動画」と言える
□ターゲットは、動画によっては興味を持ってくれそうな人である、ターゲットは「～だと思い込んでいる人」と言える
□テーマは「商品の～を特にいいと思ってもらえる動画」といえる
□媒体は、認知アップにつながりそうな媒体を選んでいる
□動画の骨子を、制作に関わる全員で共有できている

シナリオ制作・中

構成の機能から外れていないか、チェックせよ！

・「起」について
□ターゲットが共感できる状況を描けている
・「承」について
□承は徐々に盛り上がっている
・「転」について
□テーマを感じるように伝えている
□テーマをセリフで伝える場合、セリフは感情セリフもしくは情緒セリフになっている
・「結」について
□余韻が残る終わり方になっている
□余韻を残すのにふさわしい映像になっている

シナリオ制作・後

絵コンテ、シナリオの時点でチェックして、制作費・制作時間のロスをなくす！

□商品の認知につながる動画になっている
□既存のお客様が、口コミしたくなる動画になっている

4 C【理念直接型：チェックリスト】

シナリオ制作・前

動画の骨子を整理せよ！

□動画を作る目的は「理念への共感がＵＰする動画」と言える
□ターゲットは、どんなことに興味があるか、具体的になっている、ターゲットは「～のことを知りたい人」と言える
□媒体は、詳しい情報を得るのにふさわしい媒体を選んでいる
□テーマは「わが社の～を特にいいと思ってもらえる動画」と言える
□動画の骨子を、制作に関わる全員で共有できている

シナリオ制作・中

構成の機能から外れていないか、チェックせよ！

・「起」について

□人物（会社）の目的が設定されている

・「承」について

□障害を乗り越える人物または会社が登場している

□主人公に障害をぶつけている

□成功談や美談ばかりになっていない

・「転」について

□セリフを使う場合は、説明セリフを使ってわかりやすく伝えている

□テーマを、ストレートに伝えられている

・「結」について

□テーマが定着する「結」になっている

シナリオ制作・後

絵コンテ、シナリオの時点でチェックして、制作費・制作時間のロスをなくす！

□一方的な説明になっていない

□会社理念がストレートに伝わる動画になっている

5 D【理念間接型：チェックリスト】

シナリオ制作・前

動画の骨子を整理せよ！

□動画を作る目的は「理念認知UPのための動画」と言える

□ターゲットは、どんなことに興味があるか、具体的になっている、ターゲットは「～に興味を持っている人」と言える

□媒体は、口コミが発生しそうな媒体を選んでいる

□テーマは「わが社の～を特にいいと思ってもらえる動画」で言える

シナリオ制作・中

構成の機能から外れていないか、チェックせよ！

・「起」について

□アンチテーゼは想定されている

・「承」について

□かっこいいだけ、面白いだけの映像になっていない

□映像のトーンはあっている

・「転」について

□テーマを感じるように伝えている

□テーマをセリフで伝える場合、セリフは感情セリフもしくは情緒セリフになっている

・「結」について

□余韻を残すのにふさわしい映像になっている

シナリオ制作・後

絵コンテ、シナリオの時点でチェックして、制作費・制作時間のロスをなくす！

□会社理念が、映像描写で伝わる動画になっている

付録

撮影と編集の方法

シナリオが完成したら……

とある会社の朝礼。

「よし。これでシナリオは完成だな！」

「そうですね！　これでユーザーにうちの商品の魅力が伝えられます」

「よし！　じゃあ動画完成まで頑張れよ」

「はい！　えっ⁉　はいぃ⁉」

もしも動画を作るなら……

デジャヴのようなシーンが展開されています。でもこれはスギヤマさんの話ではありません。もしかしたら未来のあなたの姿かも⁉

「新規だから予算を抑えている」

「制作会社とのコネクションがないから」

「なぜか適任だと上司に指名されて」

そんなシチュエーションが訪れた時、作ったシナリオをそのまま紙面で終わらせるわけにはいきません。

この付録では、シナリオが完成した後の撮影方法と編集方法についてご紹介します。

まずはプロの映像制作から

具体的な撮影方法、編集方法をお伝えする前に、実際のドラマ・映画における映像制作現場のおおまかなプロセスをご紹介しましょう。

「ウチの動画制作はまだチャレンジ段階だし」

「少数精鋭だから関係ないかも……」

でも、手さぐり段階の方たちになおさら知っておいていただきたいのがこのプロセスなのです。

一体どんなプロセスを踏んで制作しているのか。ここを押さえておけば、シナリオを動画にしていく上で、撮影や編集で何が必要か？が把握できると同時に、さらには必要なこととそうでないものの取捨選択も可能になります。


「制作会社に一任するからそこは別に」

という場合も、どんな役割の人がいて、いつ、どんな仕事をしているのか。動画制作に関わるスタッフの一員として、参考にしていただければと思います。

では、実際のドラマ・映画における映像制作現場のおおまかなプロセスをのぞいてみることにしましょう。

1 動画完成までのプロセス

完成までには大きく分けて以下の項目を経て、完成させます。

1プリプロダクション
↓
2撮影
↓
3ポストプロダクション
↓
完成

1 まずは、プリプロ！

プリプロとは、「プリプロダクション」の略のこと。撮影までの準備期間のことを指します。

予算の決定、企画立案、キャスティング、スケジュール、撮影場所を検討するロケーションハンティング（通称「ロケハン」）などがここにあたります。

あらかじめ決めておかなければならないこと、決めることができるものをここで進めていくのがプリプロダクションです。

シナリオも、このプリプロダクションの一つになります。

2　撮影

プリプロの後は、実際に撮影に入ります。

撮影には、監督率いる演出部をはじめ、撮影部、照明部、録音部、美術部、装飾部、俳優部、衣装部、ヘアメイク部（スタイリスト）、車輌など、様々な役割のスタッフ、出演者が結集し、撮影にあたっていきます。

この後、ご紹介する撮影方法は、ここの進め方となります。

3　最後にポスプロ！

撮影が終わったら、ポスプロです。

ポスプロとは「ポストプロダクション」の略。撮影後に必要な作業をするカテゴリーとなります。

ここでの重要な要素は後ほど紹介する「編集」となります。「編集」は、映像や音楽をつなぎ合わせたり、ナレーションや音楽をはじめ、映像に文字を入れたりして映像の完成形を作っていく作業です。その後も動画をどのように広めるか、プロモーションもこのポスプロ作業の一つです。

以上が全体のプロセスになります。意外となんてことありませんね。要は準備して、撮影して、その後処理をすればいいのです。

次に、どのタイミングで誰がどんなことをしているのか、という部分の紹介です。

ここでなんとなく思い浮かぶのが、映画やテレビドラマのラストに流れるエンドロール。そこには沢山のスタッフ・キャストが名を連ねています。

「こんなに人員が必要なら、やっぱり動画制作は難しいのでは……」

でも、尻込みする必要はありません。なぜなら、たった三人の人物の役割さえ押さえておけば動画制作はできてしまうのですから。

2 動画制作の重要人物

確かに、映画やドラマの制作には、様々な役割のスタッフがいます。ですが、これからご紹介する三人の重要人物の役割さえ押さえて頂ければ大丈夫。なぜなら、いろんな役割のスタッフは、この三人の役割にすべて、ひも付いているからです。その三人の役割とは、①プロデューサーの役割、②監督（ディレクター）の役割、そして、③脚本家の役割です。

1 プロデューサー

プロデューサーは、動画制作における最高責任者です。

プリプロでは、企画立案や動画の方向性の決定、スタッフ編成やキャスティング、シナリオの打ち合わせ、直しなどがプロデューサーの役割になります。

撮影時の役割は、現場にはアシスタントプロデューサー（AP）、または制作進行を配置して助手的存在にバトンタッチし、撮影の進行を一任するのが一般的です。

制作進行は、撮影当日のスケジュールの組み立てや、当日の進行、仕出し弁当の発注など細かいところまで配慮し、スムーズに撮影を進ませる役割を担います。制作進行については、テレビ局または映画会社から現場へ派遣する場合と、制作会社に委託することもあります。

プリプロでの役割は、完成品をチェックし、より多くの視聴者・観客の目に触れるよう、プロモーション活動をおこない、視聴者（または観客）に届けます。

つまりプロデューサーの役割とは、組織編成や進行、宣伝などを担う、ビジネス的視点でその作品と向き合うポジションとなります。

2 監督（ディレクター）

監督の役割は、撮影時にスタッフ・キャストのまとめ役。例えるならば、オーケストラの指揮者です。

プリプロでは、プロデューサーと脚本家がともにシナリオを採み、完成させていきます。

シナリオが完成した後は、具体的に映像イメージを明確化するため、絵コンテを制作していくのも監督の役割です。

撮影時は、大所帯の場合はとりわけ、さまざまな役職に伝えたり、セットの細部までの演出面に気を遣っていく必要があるため、助手として、助監督（AD＝アシスタントディレクター）がついています。

ポスプロでは、編集に立ち会い、完成するまで、映像をチェック・指揮していきます。

つまり監督とは、クリエイティブの視点でその作品と向き合い、スタッフ・キャストのポテンシャルを最大限に引き出しながら先導していくポジションとなります。

3　脚本家

基本的に脚本家は、シナリオ執筆後は、プロデューサーと監督に一任します。ただし、実際にプロセスを進めていく中で、検討すること、問題が起きることもあります。

「予算が急きょ変更した」
「キャスティングが変わった」
「申請が取れず、ロケ場所が変わった」

など、プロデューサーの役割から発生する変更点もあれば、

「魅力的な場所を見つけた」
「主役のセリフを変更したい」
「このキャラはこんな動きはしない」

など、監督の役割であるクリエイティブな面からの変更が出てくる場合もあります。脚本家はそれに即してアイディアを出し、改訂していきます。

脚本家は、完成するまでプロデューサーや監督のブレーンとして柔軟に対応していきます。

他にもスタッフは、音楽、アクションシーンがあればアクション指導やスタントマン、ホラーやファンタジーなどで活躍する特殊メイク、SFには欠かせないVFXなどなど……挙げていくときりがありません。

しかし多くのスタッフがいないと動画は作れない、

ということはありません。**極端に言えば、この3人の役割を担ってしまえば、たった1人でも動画は作れてしまいます。**

芸大の学生たちも、ユーチューバーも、趣味で映画を作ってる人達も……どんなに低予算・小規模だとしても動画が作れてしまうのは、そのような背景があるのです。

3 実際に撮影・編集してみよう!

全体のプロセスを把握して、多くのスタッフがいなくても動画が作れる!ということがわかったところで、実際にどう作ればいいのか。撮影と編集についての押さえておくべきポイントに入っていきましょう。

ここでは、撮影と編集に作っておくべき「絵コンテ」についての話と、必要な機材を軸に、その方法を説明していきます。

撮影・編集をスムーズにする絵コンテ

シナリオが完成したら、プリプロの段階で「絵コンテ」を作っておくことがおすすめです。

絵コンテとは、動画のイメージを具体的にするために、シナリオから映像を図解しておく作業のことです。(61・145頁参照)

具体的な映像イメージを準備しておくことで、どう撮るかを明確にすることができます。

例えば、カメラで遠くから被写体をねらうロング、近づいて被写体をとらえるクローズアップ、カメラの向きを振るパンなど、画作りをあらかじめ準備することができるのです。

また、撮影時には絵コンテを通して、スタッフとどのように撮影するか、編集後の動画のイメージもより深く共有することができます。

撮影の方法

●撮影機材の確認

まずは、撮影に当たりもっとも重要な、カメラ、三脚、マイクについてご紹介しましょう。

●カメラについて

撮影で必需品のカメラ。

ひと時代前までは、ビジネス動画を制作する場合は、業務用カメラでの撮影が一般的でした。しかし、今は技術も進歩し、市販の家庭用カメラでも、プロ顔負けの動画を撮影することが可能です。

また、様々な動画プラットホームが誕生し、配信される映像のクオリティは多種多様です。美しい動画から良い意味でのユル〜いユニークな動画まで、視聴者はいろいろな動画に接する機会が多くなっています。

とはいえ、カメラにも幾つか種類があります。

代表的な三種のカメラをご紹介します。

機材をレンタルする場合でも、購入する場合でも、その特徴を摑んでから動画制作にあたりましょう。

●ビデオカメラ

子供の運動会や文化祭というシーンで活躍する家庭用ビデオカメラも、動画制作では十分に活躍します。画質も申し分なく、カメラのことを詳しく知らない方でも、オートモードにすれば安心して気軽に動画を撮ることができます。

利点としては、撮りたい瞬間に録画ボタンを押して撮影できること。ドキュメンタリー、バラエティーなどの動画に使用されることが多いカメラの種類です。

初心者の動画制作において、無難な選択としては、このビデオカメラがいいかもしれません。

●一眼レフカメラ

現在、動画制作でポピュラーになりつつあるのが、この一眼レフカメラです。自主映画やユーチューバー、プロの現場でも使用されています。

一眼レフカメラは、通常静止画を撮影するカメラというイメージがありますが、動画の撮影も可能です。

利点としては、高画質での撮影が可能であることと、オート撮影のみならず、露出度やピン送りをマニュアルで設定することで制作者の趣向に合わせた動画制作が可能となります。

しかし一方で、自分で設定する必要があるため、カメラの知識・技術が必要になってきます。また、規制により連続撮影が最大30分未満になっているため、短いカットの撮影でも構わない、じっくり作りこんでいく動画制作には向いているカメラの種類になります。

●スマートフォンのカメラ

三種の中で一番手軽に動画を撮影できるカメラではないでしょうか。

カメラのレンズの付属品や、カメラアプリを導入すれば、特殊効果を効かせて撮影をすることが出来ます。ただし電池の持ちと、データ管理の面での注意が必要です。

電話であるスマートフォンはカメラ機能がメインではないため、電池の持ちは、他種のカメラに比べて減少が早く、充電器を繋げておくか、充電池の替えを準備しておく必要があります。

また、データ管理については、メモリーカードが差し替えられるタイプならば問題ありませんが、本体のメモリに直接記録されるタイプのスマホもあります。

映像ファイルを保存するには十分なデータ容量が必要になるため、その場合は、撮影した動画がいっぱいになったら、その都度パソコンや大容量メモリーなどに移しながら、撮影を進行していく必要があります。

ご紹介した3つのカメラでも、性能は様々です。その違いとしては画質の点でも差がありますが、主に、

「細かい設定ができればできるほど、グレードアップする」

と考えてください。動画を制作する上で、制作にあたって必要な機能を下調べし、カメラを選択していきましょう。

●三脚

カメラを固定して撮影、固定した状態でカメラを上下左右に振って被写体をとらえる必要がある場合は、三脚が必需品です。どんなカメラを選ぶかによっても仕様は変わりますので、カメラに対応した三脚を見つけましょう。

●録音でのポイント

録音と聞くと、長い棒に繋がれたマイクを、録音技手が上から構えているイメージができるのではないでしょうか。

録音機材はマイクと録音機が必要になりますが、通常市販の家庭用カメラには、マイクがついていますので、音も一緒に拾います。

しかしロングで撮影し、被写体とカメラが遠い場合は、その音を録ることができません。その場合は、ＩＣレコーダーを準備して音だけ録っておくのもいいでしょう。

またスマートフォンのボイスメモなどでも音を録ることは可能です。データさえ録っておけば、このあとの編集作業の時に、動画と音を繋ぎ合わせることができますので、別録りでも構いません。

カメラ、三脚、マイクがあれば撮影は可能です。シナリオと絵コンテを基に、撮影の際は監督の役割を担った人物を中心に、撮影をしていきます。

動画を撮影する順序としては、シナリオの時系列通りに撮らなくてもＯＫ。撮影しやすいところから順番に撮影し、あとで編集で繋げることもできます。

絵コンテができた段階で、効率的な撮影スケジュールを組み、当日に臨みましょう。

編集の方法

●編集機材の確認

編集は、主に撮影した動画や録音した音声を切ったり繋げ合わせたりして、シナリオ通りの動画にしていく作業となります。

パソコンに、映像編集ソフトを導入すれば、編集は可能となりますが、大きいデータを扱うため、パソコンはなるべくハイスペックのものを推奨します。

また、編集ソフトについてもカメラと同様に、「細かい設定ができればできるほど、グレードアップする」類のものになりますので、基本的な編集ならば無料で配布しているソフトでOK。VFXを見せていく動画であれば、有料のものを導入する必要があります。

●編集の流れ

編集は、大きく分けて3つの工程があります。それは映像編集、音編集、カラコレです。

映像編集は、撮影した動画をシナリオの時系列に並べて行く作業。

音編集は、その映像に合わせてマイクで録音した声や音を映像に合わせていきます。

また別撮りしたナレーションや、動画に乗せたい音楽を入れ込みます。

カラコレとは、カラーコレクションの略。映像の色味を調節して、映像と映像の色味を繋げます。例えば、違う日に撮影した映像は光の具合が変わってくるため、動画の色味が変わってしまっていることがあります。映像の色味を合わせて自然なつながりを作っていくのがカラコレの基本的な目的です。

また、カラコレでは映像の雰囲気・印象を変えることもできます。

スマートフォンの写真アプリでも、撮った写真の色味を変えて、トイカメラ風やフィルムノワール風などに変えられる機能を利用したことがある方もいるかもしれません。あれも実は、カラコレの一種なのです。

●最後に……

実際のドラマ・映画における映像制作現場のおおまかなプロセスから、機材を軸に、具体的な撮影方法、編集方法をお伝えしました。この手順と知識を踏まえて、実際にどう撮影・編集していくのか、参考にしていただければ幸いです。

シナリオの基本書式

シナリオの体裁

1マスあける　3マスあける

○バスの中（夕）①②
　　　満員である。④
　　　③中田三郎(35)が窮屈そうに立っている。
⑤中田「ああ、今日は本当に疲れるなあ。でも
　明日は休みか」
　　　バスが停まって、中田正子(35)が乗ってく
　　　る。正子は中田を見つけ、片手を上げて
正子「あなたあ」
　　　中田も片手をちょっと上げて応じる。

シナリオ本文は、場所を指定する「**柱**」、人物の動作・配置などを示す「**ト書**」、役者がしゃべる「**セリフ**」で構成します。

まず、最初に「柱」。原稿用紙の右側に「○」を書き、そのシーンが行なわれる場所を書きます（①）。これはカメラを置く場所を指示することになるので、具体的に書くようにします。

その下に（　）をつけて「朝」「夕」「夜」を書きます。「昼」は書きません（②）。

柱の次の行から、上3マスをあけて「ト書」（③）を書きます。「ト書」では、「満員である」といった情景描写と、「窮屈そうに立っている」といった人物の動作を示します。

情景描写と人物の動作の間は、改行します（④）。「ト書」のあとに「セリフ」（⑤）がきます。行頭に誰のセリフなのか名前を入れ、その下に「　」でくくってセリフを書きます。

セリフの2行目以降は上1マスあけます。

シナリオも絵コンテも、どちらも映像にするための設計図と言われます。テレビCMなどは、シナリオを作らず絵コンテのみを作る場合もあります。

違いは、イメージの伝え方です。

シナリオが、頭の中のイメージを文字で表現するのに対して、絵コンテはまさに絵で表現します。撮影のイメージにより近いのが絵コンテと言えるかもしれません。売上の推移を表すときに、数字だけではなく、グラフにしたほうが視覚的に伝わりやすいですよね。絵コンテの役割もまさにそれです。

絵コンテは「口で言っても伝わらないかも」という部分を描くくらいの気持ちで描いてください。

絵コンテを描くときは、頭の中で「このシーンは、こんなふうにしたい」と具体的な映像をイメージしてください。そして、登場人物の体全体が映るのか、表情が写るのか、手元が映るのか、商品はどんな風に映すのかなど、視覚的に伝えたい部分、重要な部分を描きこんでいきます。

動画初心者の方は、あまり気張らずに絵コンテに挑戦してみてくださいね。

絵コンテを描くときのコツ

絵コンテなんて、描いたことない！

そもそも絵心もないし……。

そんな不安をお持ちの方も多いかと思います。ここでは絵コンテを描くときのコツを簡単にご紹介します。

そもそも、絵コンテは描かなくてはいけないものではありません。絵コンテを作らない映画監督もいます。また絵コンテに絵心は必要ありません。小学生が描くような棒人間でも構いません。

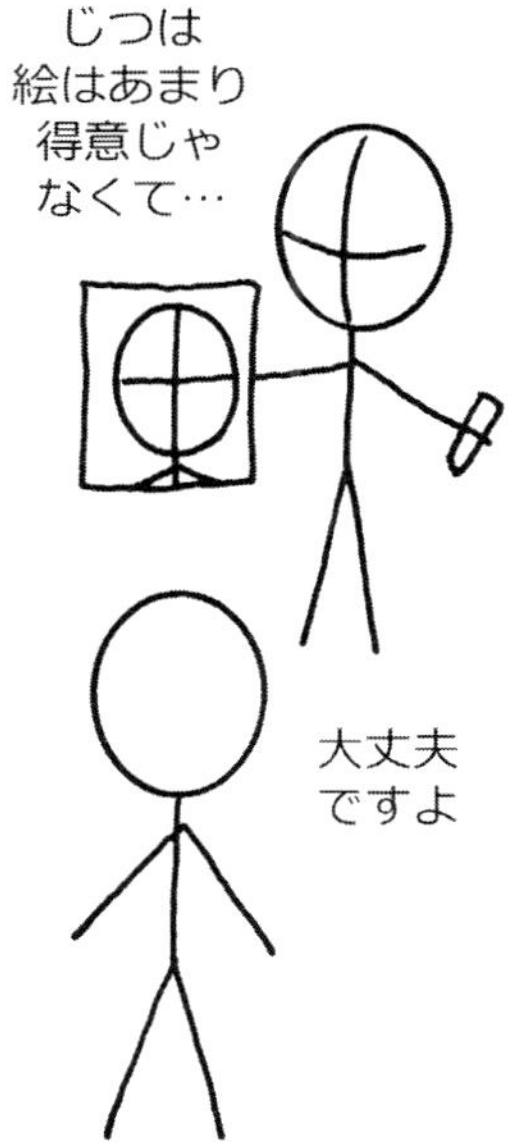
じつは
絵はあまり
得意じゃ
なくて…
大丈夫
ですよ

おわりに「伝わる動画」を作れるあなたに！

スギヤマさんの会社の会議室。

部屋に入るなり、スギヤマさんが嬉しそうに握手をしてくれました。

「先日、社長に動画を提案したら、すごく喜んでもらえました！　シナリオの力で、まったくの初心者の私でも、動画が作れるようになるんですから」

「‼」

「ホント、やってよかったです！」


誰にでも「伝わる動画」が作れる……まゆつばなんじゃないのって思いましたよね？

では、今のあなたはどうでしょうか？

「伝わる動画」は、ＰＲ動画４タイプで整理できるんだ、テーマを絞ったら「シナリオ技術」のいいとこ取りで、シナリオを組立てられるんだ、ということにワクワクしているはずです。スギヤマさんと同じように。


「伝わる動画」を作る技術を、あなたは手に入れました。世の中の多くの人は、その存在さえ知りません。

ライバルと差をつけるのは、シナリオです。

さぁ、すばらしい動画で、あなたのビジネス、そして世の中を盛り上げてください。

本書だけでも「伝わる動画」は作れるようになります。でも、一人では不安な方、担当チーム全体に浸透させたい方、そもそも伝えたいことから整理したい方は、シナリオ・センターにお気軽にご相談ください。初心者の方から現場で活躍したい方まで、分かりやすくお教えできます。

第二のスギヤマさん、大歓迎です。


「どうすれば相手に伝わるか」

そのことを考えることは、仕事をする上でも、生活をする上でも大切です。

シナリオを書く。

たったそれだけで、あなたも、あなたのまわりの世界も変わるのです。ドラマとは、変化なのですから。

著者一同

リフも、キザな人なら「宇宙で一番愛している」となるかもしれないし、あまのじゃくな人なら「あなたなんか嫌い」となるかもしれない。その人物の性格やキャラクターが出るセリフ。また、直接的すぎず間接的に伝える表現も含まれる。観客の想像力を刺激するシナリオライターが目指したいセリフ。

■共通性

観客が「あるある」「わかる」と感情移入できるような主人公が持つ特徴。「人見知り」「方向音痴」「美人に弱い」など、誰もがもっている弱点や失敗経験、共通点など。

■憧れ性

観客が憧れるような主人公の特技、性格などの特徴。「料理がうまい」「弱者に優しい」「超能力がある」など、誰もができないことをドラマの主人公が実現することで、観客は爽快感を味わうことができる。

■障害

主人公の目的を阻む事件や事情。障害をぶつけて主人公を困らせるほどにドラマは面白くなる。

■張り手型

「起」でのドラマの入り方の一つ。いきなり事件を起こして冒頭で観客をひきつけ、ドラマをスタートさせる方法。アクション、ホラー、ミステリーでよく使われる。

■撫ぜ型

「起」でドラマの世界観や人物をしっかり紹介しながら、ゆるやかにドラマをスタートさせていく。ホームドラマや親子ものによく使われる。

＜動画シナリオ・用語集＞

■天地人

起承転結の「起」を考える上で、はっきりさせておくべき要素の一つ。これから描く世界を、天（時代・情勢）、地（場所）、人（人物）で整理していく。時代はいつにしたらいいか、場所は都会がいいのか、地方がいいのか、登場する人物は男性か女性か、年齢はいくつくらいかなど、天地人を考えることでイメージをはっきりさせる。

■対立と葛藤

ドラマでいう対立とは、主人公と誰か（第三者）が意見や価値観の相違からぶつかり合うこと。主にライバルがその役割となることが多いが、時に味方である友人や家族も対立する相手となる。主人公の行動を邪魔する障害。また、葛藤とは、主人公が心の中で相反する価値観や倫理観の間で揺れて悩み、迷うこと。対立と葛藤は主人公の行動の障害となるため、これらを盛り込むとドラマが面白くなる。

■起承転結

本来は文章を書くときの構成法。ドラマのシナリオの場合は、「起」で登場人物や世界観を観客に伝えドラマをスタートさせ、「承」でドラマを展開させていく。「転」はドラマのクライマックスとなり、ここでテーマを観客に伝える。「結」でテーマを定着させ、余韻を持たせて観客を非現実から現実へと引き戻す。

■余韻

クライマックスシーンの後につける静かなシーン。これがあることによって、テーマが定着し、観客がそのシーンをより深く心に刻む効果がある。

■団子の串刺し

よく似たレベルのエピソードがつながっていること。ドラマに強弱がなく面白みがなくなる。主人公に訪れる事件やエピソードはドラマの後ろに行くほど大きくなり、乗り越えるのが困難であるほうがより面白くなる。

■シャレード

間接的な表現。状況をセリフでそのまま説明するのではなく、人物の行動、仕草、表情、また場所や小道具といった映像で見せて、間接的に伝える。

■小道具

ドラマの中で登場人物たちが使う道具で、因縁を持たせたりテーマを象徴させたりする。ミステリーではドラマを解く鍵になったり、伏線としての役割を担ったりする。

■説明セリフ

登場人物やドラマの心情や状況を説明するためのセリフ。セリフはなるべく説明くさくないほうがよいとされる。

■感情セリフ

「うれしい」「悲しい」といった、登場人物の喜怒哀楽の感情がストレートに伝わるセリフ。ともすれば稚拙な表現となりやすい。

■情緒セリフ

伝えたいことを、その人ならではの表現で伝えるセリフ。「愛している」というセ

企画・構成・著……新井一樹（あらい・かずき）
(株) シナリオ･センター取締役副社長。2003 年、日本大学芸術学部卒業、2006 年、同大学院芸術学研究科卒業 芸術学修士。同社にて、2010 年より日本中の想像力と創造力を豊かにする「一億人のシナリオ。」プロジェクトを発足。大手住宅メーカー、公官庁、教職員向けの研修の他、小学校への出前授業を実施。未就学児からビジネスパーソンまでのべ 5000 名以上にプロジェクトを実施。

執筆……川村千重（かわむら・ちえ）
(株) シナリオ・センターにて「シナリオ 8 週間講座」や講座の作品添削を担当。講座を検討されている方を対象にした「シナリオ・ワークショップ」ではシナリオを書いたことがない人に向けてシナリオを書く面白さを伝えている。その他、『公募ガイド』にてエッセイや文章講座の講師、ライターとして作家や映像クリエイターのインタビューを行なう。

執筆……内藤麻貴（ないとう・まき）
(株) シナリオ・センターにて「シナリオ 8 週間講座」や講座の作品添削を担当。講座を検討されている方を対象にした「シナリオ・ワークショップ」ではシナリオを書いたことがない人に向けてシナリオを書く面白さを伝えている。その他、さまざまな企業のインターネット広告のコピーの制作や SNS 投稿記事のライティングを行なう。

執筆……田中和次朗（たなか・やすじろう）
(株) シナリオ･センターにて「一億人のシナリオ。」プロジェクトのコーディネーターとして活躍。小学校への出前授業、制作会社への研修など担当。脚本家としてアニメ「TIGER & BUNNY」参加。2007 年、日本大学芸術学部卒業。『撮影と編集の方法』執筆。

シナリオ・センターの講座へのお問い合わせ・申し込みは下記まで
〒 107-0061　東京都港区北青山 3-15-14
TEL 03-3407-6936　FAX 03-3407-6946
http://www.scenario.co.jp/　e-mail:scenario@scenario.co.jp

装丁………山田英春
イラスト………工藤六助
DTP制作………ＲＥＮ
編集協力………田中はるか

いきなり効果があがる
ＰＲ動画の作り方
自分で作れる、シナリオが決め手

発行日❖2016年7月31日　初版第1刷

編著者
シナリオ・センター　新井一樹
発行者
杉山尚次
発行所
株式会社言視舎
東京都千代田区富士見2-2-2 〒102-0071
電話03-3234-5997　FAX 03-3234-5957
http://www. s-pn. jp/
印刷・製本
モリモト印刷㈱

ISBN978-4-86565-058-7 C0336